株式投資これだけ心得帖
文庫増補版

東保裕之

日経ビジネス人文庫

まえがき

縁あって、二〇〇四年二月に日本経済新聞社から『株式投資これだけ心得帖』を単行本として刊行した。「株式投資を行う際にとりあえず必要な知識と知恵を、一時間程度で学べる書籍」という基本コンセプトだった。比較的容易に読める書籍だったため、筆者が予想したよりも多くの読者に支持され、パンローリング・トレーダーズショップの「ブルベア大賞」の大賞作品は、数ある投資関連書の中から一年間で一冊しか選ばれない。まさか自分の著作が大賞に選ばれるとは、夢にも思っておらず正直驚いた。読者の皆様が応援してくださったおかげとしか言いようがない。この場を借りてあらためて御礼を申しあげたい。

その本書だが、刊行後三年半以上が経過した。当時は「これで十分」と考えていたが、新たに気づいたことがいくつかあり、今回文庫本として改訂増補することにした。三年半前に刊行した際の四八項目はそのまま残したうえで、第五章の二四項目を書き加えた。内容が重なってしまう部分も若干あるが、あえて削っていない。同じようなことが繰り返し登場したら、「また同じことを強調しているな」と思って読んでくだされば、幸いである。

本書のキャッチフレーズは、「一時間で読める」だったが、分量が増えたので「二～三時間くらいかかる」かもしれない。が、現時点で伝えたいことはすべて網羅したつもりである。個人投資家のスキルアップに役立つことができれば筆者としてこのうえなく嬉しい。

この文庫増補版は、日本経済新聞出版社の桜井文化出版部長のご尽力があって、刊行に辿り着くことができた。また筆者が経営する、株式会社ビー・アール・ビー・インベストメントの関係者一同の協力がなければ、校正作業なども進まなかったに違いない。桜井様並びに弊社関係者にこの場で感謝の意を表したい。

二〇〇七年盛夏

東保 裕之

株式投資 これだけ 心得帖 文庫増補版

目次

第二章◆売買テクニック　基本のキホン

第三章◆これだけで大丈夫　テクニカル分析の知識

第四章◆危機回避のために最低限守るべきこと

第五章◆知っておいて損はない知識と知恵

付録◆さらに知りたい人のために

マンガ　前川しんすけ

第一章◆株式投資の心構え

予知能力などない

01

Q 明日あなたにかかってくる電話は何本？

A こんな身近なことですら、誰にもわからない。人間は未来のことを的確に予知できるわけではない。すでに起きた過去のことはわかっても、未来のことなど正確に見通せない。今日市場で人気を集めている銘柄であっても、突発事故が発生して、明日は売り気配になるかもしれない。逆に今日叩き売られている銘柄に買収の話が表面化して、明日から連日のストップ高になるかもしれない。しかし事前に見通すことなどまず無理である。

多くの投資家は「わかりもしない未来の予想」に注力し過ぎている。これではなかなかうまくいかない。投資家は「将来を読みきることなど無理」という認識を持つべきである。「かなり確実と思った情報」でも外れることはよくある。「一寸先は闇」なのである。銘柄の当てっこに終始するのはやめよう。

それよりも、どんな状況になってもある程度対応できる技量を身につけることに注力すべきである。「一定レベル以上の売買技術」を身につけておけば、一時的な運用不振があっても、最終的には勝てる。本書は「一定レベル以上の売買技術を身につけたい」という人のために執筆した。全部で七二項目ある。分量は少ないのでわずかな時間で読破できると思う。

正直言って、これでも項目は多すぎると思う。実際の投資に必要な技術はあまり多くない。たいして役に立たない知識や知恵をたくさん吸収したがる人も多いが、株式評論家を目指すのであればともかく、投資家（プレーヤー）を目指すのであれば、細かい知識よりも実戦で発揮できる技量向上のほうがはるかに重要である。

なお本書は読者の記憶に残りやすいように、Q＆Aスタイルにした。ぜひ最後まで目を通して、今後の投資に生かしていただければ幸いである。

当てっこよりも売買技術を磨け

02

必勝法はないが、経験則はある

Q 株式投資に必勝法はあるか

A 残念ながら必勝法などない。人間の欲望がぶつかり合って取引される証券市場において、「こうすれば必ず儲かる」といった都合の良い法則はない。もし必勝法が編み出されたとしても、他の人に知れたら、結局皆同じことをしてしまうので、必勝法でもなんでもなくなる。

株式投資の教科書には、数学や物理のような法則や定理はない。あくまでも経験則が紹介されているにすぎない。「過去の例では、このやり方でだいたいうまくいった」「今までの経験では、こんなときは失敗が多い」といった程度のものである。だから例外や外れも多い。投資家は「経験則なので一〇〇パーセント当たることはない。外れた時は速やかに対応する必要がある」と認識しておく必要がある。

しかし、一〇〇パーセント当てはまる法則こそないが、それでも投資を行っていくうえで有用な経験則は少なくない。それらを知っているのと、知らないのとでは大違いである。したがってひと通りの勉強はしておいたほうが得である。

必勝法はないが、有用な経験則はある

利益目標は人それぞれ異なる

03

Q 利益目標はどれぐらいにすべきか

A 投資家によって目標は異なる。「年一〇%ぐらいで回せば満足できる人」「定期預金に勝てばよい人」「数年間で何倍かにならないと満足できない人」「平均株価にさえ勝てば大満足の人」など様々である。もともと人間の欲望には個人差がある。そこそこの利益で満足できる人もいれば、大きな利益でないと満足できない欲張りな人もいる。皆一緒にして論ずることは困難である。

また株式投資を始めたきっかけも一人ひとり異なるだろう。「老後資金を貯めるため」「住宅購入資金を作るため」「半年後のレジャー資金捻出のため」といった人もいれば、「お金よりも頭の体操として」とか「経済学の勉強を兼ねて」という人もいることだろう。当然、運用目標も皆それぞれ違ってくる。

したがって「運用目標利回り」を設定することはかなり難しい。平均株価の上昇率を上回るプロが四、五人に一人ぐらいの割合でしかいないことを考えると、あまり欲張らずに「ならしてみてプラス」で、かつ「平均株価にも勝つ」ということが実現できれば十分だろう。

そこそこ利益があれば
満足なんです
…と人には言ってるけど
ほんとはドーンと儲けるつもり
ドーン
そこそこ?
じゃあ目標通り
いや底々《そこそこ》
大損!!

目標利回りは一人ひとり異なる

04

Q 株式の売買は真剣勝負か

A 株式投資はお金がかかっているので、結果については真面目に受け入れないといけない。たとえ儲かっても、損をしても、その結果を否定することはできない。そういった意味で「株式投資は真剣勝負」である。

しかし負けてもすぐに生命を失うわけでもないし、勝ったからと言って相手の生命を奪うわけでもない。それに「生命や全財産を賭けるような大勝負」などしてはいけない。もし、したらプレッシャーに負けてしまい、悪い結果が出やすい。相場というのはもともと意地悪であり、切羽詰まった人の味方にならない。

投資家としては、余力を残しながら、楽しく売買しなければいけない。お金というものは、不思議なことに「ニコニコと楽しくしている人」に集まる。だから深刻な顔をしながら、株式の売買などやってもうまくいかない。また余計な神経を遣うのもよくない。なるべく楽で簡単なやり方のほうがよい。本当のプロは「シンプル・イズ・ベスト」という言葉の通り、簡単な売買しかしない。難しい専門書を読みながら、「複雑な数式」や「難解なチャート」を駆使しても、ほとんどの投資家は負ける。これは相場だけでなく、スポーツやトランプなども似ているところがある。「単純なことができない人」ほど変わったことに活路を求めるが、もうその時点で負けである。

個人投資家はとにかく簡単なやり方で、楽しく売買しよう。逆を言えば、「複雑で面倒だな」とか「ちっとも楽しくない」という人は、そのやり方があなたに合っていない。「もっと簡単で、もっと楽しく売買できる方法」を探すべきだ。うまくいっていない人ほど、もっと簡単で、もっと楽な方向に進むこと。「難しくしようとしたり、わざわざ小難しく考えるうちはまだ改善の余地がある」と考えたい。

楽しく楽に売買できないうちは、まだあなたは自分に合ったやり方に到達していない

05

Q 株式市場で戦う相手は誰か

A 実は誰と戦っているのかわからないのがマネーゲームの怖いところ。こんなゲームは他にあまりない。例えばスポーツなら相手チームがどこか、あるいは一緒のレースに参加する選手は誰か、ということがわからないまま戦うことは滅多にない。少なくとも公式戦ならば、相手はわかっている。将棋や囲碁でも、対局している相手との一対一の戦いである。

しかしマネーゲームは相手が一人とは限らない。しかも何人いるかなどわからない。さらにそのうち何人がプロで、何人がベテランで、何人が初心者かということも全くわからない。マネーゲームはお金さえ持っていれば、誰でも参加できてしまう。しかも直接顔が見えないまま戦う。ということは、プロも常に全力で戦わざるを得ない。相手を見て、息を抜くということは考えられない。だからプロはプロと戦うつもりで罠を仕掛けてくる。プロではない初心者がその罠にひっかかることも少なくない。もっとも仕留めたプロ側も、誰を仕留めたのかがわからないが。

つまり初心者と超ベテランプロが入り混じって、真っ暗闇で戦うのがマネーゲームである。だから最低限の勉強をして売買に臨まないと、プロが仕掛けた罠に簡単にひっかかってしまう。もちろん勉強を重ねたプロでも引っかかることはよくある。しかし勉強をしておけば、「知らないがゆえにひっかかる罠」を避けて通ることぐらいはできる。この差は大きいので、最低限のことは勉強しておきたい。

最低限の勉強をしてから売買に臨むべし

06

Q プロのチャート解説者は信じられるか

A 多くの経験を積んだ業界関係者であれば、株式チャートを見てある程度のことは解説できる。メディアに登場するチャート解説者も、必ずしも未来のことばかりを言及しているとは限らない。むしろこれまでのこと、つまり過去に起きたことを丁寧に解説しているケースが多い。

「もう起きてしまったことや済んでしまったことの解説」は結果がわかっているので比較的容易である。しかしこれから起こることの予測は難しい。これは株式投資だけではなく、他のことでも同様である。例えば、バッターがホームランを打った直後に「なぜ打てたのか」「ピッチャーのどこが悪かったのか」を指摘することは、野球の専門家であれば比較的容易である。しかし「次にどんなことが起きるか」「今、何に注意すべきか」などを的確に指摘することは難しい。株式投資についても同じように考えてよい。チャートの解説で、先行きをキチンと予測し、しかも後からみて的中率が高ければ、かなり優秀なチャーチストである。しかし過去の解説に終始している場合は、それほどたいしたことはないケースも少なくない。後からならば、結果がわかっているので、解説者は何とでも言える。

しかし投資家は結果がわかる前に投資行動を行わなければいけない。株式投資では過去の結果よりも、未来の動向が大切になる。もちろん予知能力を持つ超能力者でもない限り、未来のことを正確に見通すことなど不可能である。それでも結果がわかる前に投資判断をして、実際に売買をしなければ株で利益をあげることはできない。

投資家が株価チャートの勉強をする際には、基本知識として過去のパターンを知ることは必要である。しかし最も大事なことは「チャートを見て未来を見通すこと」である。「まだ結果がわからない段階で投資判断をくだすためにチャート分析手法を学ぶ」ということを認識したうえで、チャート解説書を読むべきである。

結果がわかる前に未来を見通す訓練が必要

投資セミナーだけでは勝てない

07

Q 投資セミナーや教室に通えば儲かるか

A 答えはノー。全く通わないよりは、多少参考にはなるが、講師の話をチョット聞いただけで儲かる人は、もともと天分のある人だと言えよう。

高校の数学の授業を数回聴講しただけで、大学入試本番で数学の問題がスラスラ解ける人は極めて少ない。授業を聴講するだけなく、問題集等を自分で実際に解く訓練を繰り返しておかないと、まず合格点は確保できない。株式投資も同じで、セミナーや投資教室で習ったことを、自分で復習しないとなかなかものにならない。

またセミナーや投資教室では、わざわざわかりにくいことを教材にはしない。代表的な例を中心に解説する。しかし実際の相場では様々な状況に遭遇するが、それでも何とか対応していかないと儲からない。つまりセミナーや投資教室で習ったことを頭に入れながら実戦経験を積んでいかないと、上達は困難である。株式投資はマネーゲームなので、将棋やスポーツと同様に実戦経験を数多く積まずに上達する人は滅多にいない。したがってセミナーや投資教室に行って聴講してきただけで満足することなく、さらに実戦経験を積んで復習をしなければいけない。

「セミナーや投資教室で学んだこと」を実戦で復習しないと上達は困難だ

単純な繰り返しが重要だ

08

Q どんな売買手法が一番良いか

A「少々複雑な計算をしながら最先端の投資理論を駆使した売買」と答えた人は、新しいもの好きで勉強家タイプ。確かにうまく決まれば格好いいし、高給で某金融機関からスカウトされる可能性もある。

しかし「複雑な計算」というのは、いくらコンピュータが発達したこの時代でも、間違いのもと。多分コンピュータは計算ミスなどしないだろうが、「数値の入力ミス」や「計算値の見間違い」が発生しても、全然気がつかないこともよくある。たかだか「上がるか、下がるか、動かないか」のための計算である。複雑な計算を必要とする投資手法など、一般投資家には百害あって一利なし。どうしても複雑な計算をしたい人は、投資家よりも研究者の道を目指すべし。

「とにかく簡単なやり方で儲かればよい」と答えた人は、名投資家の道を着実に歩んでいる。大事なことは「儲かること」。高度な技術を駆使しても、儲からなければ意味がない。そして間違いや勘違いが少ないこと。これには「簡単」「単純」というのがよい。かなり頭のよい人でも「複雑なこと」は間違えやすい。特に一瞬で判断を下さなければいけないような時は、単純なやり方のほうが素早く答えが出てくる。

人生でたった一回の売買というわけではあるまい。何度も繰り返すことを考えたら、なるべく楽なやり方がよい。楽なやり方を繰り返していけば、間違いも減って、ますますうまくいきやすい。逆に「複雑なやり方」など選ぶと、最初のうちはともかく、そのうちだんだん嫌になってしまい、長続きが困難になる。「不慣れで複雑な手法」よりも、「何度も繰り返して慣れている単純な手法」のほうが、はるかに成功しやすい。だからプロは、ずっと同じことを繰り返す。誰だって同じことを何度も繰り返せば、いつの間にかうまくなる。うまくなれば儲かる。だからまた同じことを繰り返す。さらに上達する。この好循環を続ければ、投資家としては勝ち組と言えよう。

プロは単純なことだけを繰り返して稼ぐ

09

Q 投資手法のレベルを判断する方法はあるか

A 投資経験の長い・短いはあっても、投資手法のレベルを初級・中級・上級といったようにクラス分けすることは難しい。比較的経験が浅くても単純な売買手法を繰り返してしっかり儲ける人もいれば、経験豊富で様々な手法を駆使しているのに万年損の垂れ流し状態という人も少なくない。大事なことは、各自が自分に合ったやり方で儲けることである。「単純なやり方で儲ける人」のほうが、「複雑な手法を駆使して損する人」よりもすぐれている。

投資は勝負事である。技術も大切だが、心理的な動きにも結果は大きく左右される。しかし人間の性格は簡単に変えることができないので、「精神力向上」といった対策は難しい。それよりも自分の性格にあったやり方で、しかも楽にできるやり方を続けたほうが、結果的に好成績を得やすい。「たった一種類のチャートで、単純な売買手法を愚直に繰り返すだけ」でも儲かるのであれば、それが自分に合ったやり方である。

あるいは「毎日時間をかけて新聞を熟読して売買するほうが儲かる」というのであれば、新聞を熟読して売買すればよい。どんなやり方でもかまわないので、自分が得意なやり方だけを続ければうまくいく。つまり投資手法にレベル差など存在しない。簡単な手法でも儲かるのであれば「よい手法」であり、最先端の金融工学を駆使した手法でも儲からなければ「駄目な手法」である。

とりあえず数回トライしてみて、比較的すんなりこなせるやり方が自分にあった手法と言える。逆に何回かトライしてみても、「難しくてやりづらい」とか「どうもこの手法は苦手だ」と感じるやり方は自分に合っていない手法である。比較的すんなりこなせる手法の中から、儲かるやり方を探せばよい。投資手法の種類は無数にあるので、わざわざやりにくいやり方を選ぶ必要はない。

自分の得意な手法だけを徹底的に磨きあげればよい

Q 銘柄選びにどれくらい時間をかけるか 10

A「寸暇を惜しんで銘柄選択作業に取り組んでいて、一日の大半を費やしている」と答えた人は、個人投資家よりも機関投資家のほうが向いている。「個人投資家をやめて、機関投資家に就職すべし」という言葉を贈りたい。

「一日一〇分間から一五分間」と答えた人は、個人投資家としては常識的な水準だと思う。それ以上長い人は要注意。時間をかけ過ぎである。「時間をかければ儲かる」というわけではないことぐらい、専門家が集まり時間をかけて銘柄選択をしている投資信託や年金の運用成績を見ていればわかると思う。

「銘柄は決まっているので銘柄選びにかかる時間はゼロ」という人が一番利益をあげやすい。為替ディーラーは「円・ドル」しか売買しなくても、儲かる人は儲かる。「いつも同じ銘柄を売買していると、いろいろなクセがわかる」メリットもある。

一定レベル以上の売買技量があれば、銘柄選択に時間などかけず、いつも手がけている銘柄を売買したほうがよい。わざわざ不得手な銘柄に手を出さなければ、負けも自然に減る。銘柄選択よりも、売買技術向上に時間を割いたほうがよい。

銘柄選択よりも売買技術向上に時間を割くべし

Q 株価チャートの解説書を読む際の注意点は

11

A 株価チャートの解説書は、読み手が理解できるように、なるべくわかりやすい例で解説されている。わざわざわかりにくい例で説明することはまずない。読み手ではなく、書き手の立場で考えてみると、「説明しやすい事例」「きれいに説明できる事例」だけを取り上げて、ページを埋めてしまうケースが多い。書き手だって、説明しづらい事例で解説書を執筆することは骨が折れる。

市販解説書のほぼ九九%は「説明しやすい典型例」だけの紹介にとどまっている。基本を学ぶのには、それでもよい。しかし「解説書の事例と同じパターン」に実戦で遭遇するとは限らない。むしろ「解説書には掲載しづらいパターン」のほうが多い。

中学生が数学の教科書に掲載されている例題を全部解けるようにしておいても、ある程度問題集を解いておかないと、なかなか定期テストや高校入試で高得点が得られないのと同じで、株式投資でも教科書に掲載されている事例だけを知っていても、なかなか儲けることはできない。教科書に書かれている基本を理解したうえで、実際の相場を体験しながら経験を積んで応用力を身につける必要がある。

解説書には説明しやすい事例だけしか書かれていない

チャートは見る人によって結論が違ってくる

12

Q もし、複数のプロが同じチャートを見たら

A チャートは図であり、絵でもある。つまり絵画である。絵画を見てどう思うかは、人によって異なる。皆同じに感じて、同じように投資判断するということはない。見る人の能力・経験・その時の精神状態・保有ポジション・資金力などによって、答えは異なってくる。しかし似たような経験を積んだ兜町のプロを一〇〇人集めて、同時に全く同じ株価チャートを見てもらっても、答えはバラバラのはずである。「一〇〇人全員が買いと判断する」とか「一〇〇人全員が売りと判断する」ということは、まずあり得ない。しかし相場はそれでよい。「全員が買い」であったならば、誰も売らないので「買い気配」のまま売買が成立しなくなる。多数の人が「買い」と思っても、「売る人」がいないと値段はつかない。

逆に「全員が売り」であったならば、誰も買わないので「売り気配」のまま売買が

成立しなくなる。多数の人が「売り」と思っても、「買う人」がいないと値段はつかない。「売り手」と「買い手」の両方がいてこそ、相場は成立する。

結局、チャートは見る人によって答えは違ってくる。だから「儲けやすいチャート」は一人ひとり違う。投資家は「自分にとって儲けやすいチャート」「判断がうまくいくチャート」を見つけ出す必要がある。

いったん見つけたら、あれこれ浮気をせずに、その「儲けやすいチャート」「投資判断がうまくいくチャート」を使いこなして利益をあげればよい。

「自分が儲けやすいチャート」を見つけ出すことが大切

13

Q どんな時に致命的な大損をしてしまうか

A 「このまま放っておいたら取り返しのつかないことになる」「今すぐ売買しないと、もっと損失が拡大してしまう」などと感じる時は、誰でも売買を急ぐ。こんな時に冷静な判断などできない。

株価チャートを後で見てみると、信じられないほど株価が上に伸びたり、下に突っ込んだりしていることがよくある。上に伸びた場面は、信用取引の売り方が「ここで買い戻さなければ大変」と焦って成り行きで買い戻した局面のことが多い。逆に下に突っ込んだ場面は、買い手が「強制的に売らなければいけないので、待ったなしの成り行き売りで処分した局面」のことが多い。どちらも、「これ以上の損失は許されない」とか「運用ルールで強制的に手仕舞いを余儀なくされた」とか、「値段はいくらでもよいので、とにかく買い戻しのために（あるいは売却して損失を確定させるために）

売買しなければいけなかった」といったような局面である。皆追い込まれて、やむを得ず「成り行き注文」で売買させられたケースが大半である。

歴史的天底は「これ以上の遅れは許されない」という恐怖感にかられて売買しているケースが多い。後で冷静になれば「何でこんなところで売買したのだろう」と思うような局面ばかりである。結局、恐怖感を持つような状況を作ってしまった自分が悪い。対策としては、恐怖感など持たずに済むように、常に余力を残すことである。

歴史的天底は「追い込まれた投資家の恐怖感」が作り出す

明日も相場はある

14

Q 毎日朝から引けまでネットの画面を見るべきか

A 証券会社のディーラーであれば、朝から午後三時までずっと情報端末画面の前に張り付いていることはできる。しかし一般投資家ともなれば、ずっと画面を見ているわけにいかない。しかしそれでも儲かる人はいる。ずっと画面の前に張り付いても儲からない人もいれば、相場をずっと見ていなくても儲かる人もいるので、各自が可能なやり方をするしかない。

先物・オプション・ワラントなどには期限がある。しかし株式には投資期限は原則としてない。もしあるとすれば、「明日で上場廃止」とか「信用取引で明日が最終期限」という特殊な場合である。つまり通常の投資では、今日でなくても明日、あるいは明日でなくても来週に売買するということが可能である。株式市場は逃げない。明日も来月も来年も逃げはしない。したがって投資家は「今日しかない！」といったような切羽詰まった売買をする必要はない。少なくとも個人投資家は、わざわざ切羽詰まった状況に自らを追い込んで、無理に苦しい売買をする必要などない。「駄目なら明日がある。たかが相場ではないか」といったゆとりある姿勢が欲しい。お金は切羽詰まった人のところには集まらず、心身ともに余裕のある人のところに不思議と集まりたがる。

ただし「明日もある」「来月もある」「来年もある」といっても、一定レベル以上の損失が発生した時は、速やかに手仕舞いをして損失額を確定させること。「まだまだ先がある」と思ったまま、三〇〇万円のNTT株を二〇年以上かけて五〇万円にしてしまった哀れな投資家は多数いる。相場は明日も来年もあるが、株価が明日も来年も上がるわけではないことぐらいは子供でもわかる。しかし損が出始めると、そんな簡単なことでもうっかり忘れてしまう投資家は多い。

株式市場は明日も来月も来年もある

記帳の習慣をつける

15

Q「今年の運用成績」と「保有銘柄の買い値」は

A 即座に答えられる人は少ないと思うが、売買記録を記帳したノートを見ながら答えられれば問題ない。売買記録を記帳していない人は株式投資に向かない。「自分が勝っているのか」「負けているのか」がわからないようでは、投資戦略の立てようがない。せめて「いくら儲かったのか」「いくら損をしたのか」「差し引きの年間損益は何円か」といったことぐらいは、すぐわかるように整理しておくべきである。

「あとでまとめて記帳しよう」という考え方は駄目である。その日のうちに記帳しておかないと、翌日の朝、ノートを見ても最新の状況がわからない。よほど多数の銘柄を売買する人であればともかく、個人投資家ならその日の売買に関する記帳に五分～一〇分間もあればこと足りる。二〇～三〇分もかかるようでは、銘柄数がかなり多いことになるので、ちゃんと記帳しておかないとわからなくなってしまう。

売買記録の記帳はその日のうちに

記帳すべき内容は、「年月日」「銘柄コード」「銘柄名」「売り・買いの別」「新規・返済の別」「数量」「単価」「約定《やくじょう》代金」「手数料」「消費税」「清算金額」「損益」「建て玉数」「建て玉の平均コスト」である。なるべくノートに手書きで記帳すべきだが、どうしても面倒な人はパソコンに打ち込むだけでも、何も記帳しないよりはマシである。ただし数字を手書きで記帳することに比べて、パソコンへの打ち込みでは記憶に残りにくい難点がある。これは三年間ぐらい手書き記帳を続けてみて初めてわかることかもしれない。

IR説明会では何を気にすべきか

「自社の経営実態や経営方針」を投資家に把握してもらうため、IR活動に注力する企業が増えてきた。「投資家向け冊子」や「WEB上のIR専用ページ」など、一般投資家が気軽に会社内容を知る手段を提供することが、ごく当たり前になってきた。機関投資家やアナリストなどのプロ向けに会社説明会を開催して、経営トップ自らが「経営方針や今後の見通し」を説明することも多い。

ただし一部の機関投資家やアナリストなど限られた人たちに「まだ一般に開示されていない投資情報」を提供することは、好ましくないどころか法令にも触れる。このため、プロ向け会社説明会で「驚くべき材料」が飛び出すことはなくなってきた。

また「証券会社主催のIR説明会」「新聞社や放送局主催のIR説明会」も少

なくない。一般投資家が気軽に参加できるので、人気も上々のようだ。投資家にとっては、経営トップから直接話を聞くことができる貴重な機会である。企業側にとっても、「株式投資に関心の高い人たち」に自社の経営方針を伝えるチャンスである。しかもある程度まとまった人数の「投資家」に説明することができる。おそらく今後も、証券会社やマスメディア主催のＩＲ説明会は増え続けることだろう。

ＩＲ活動は、あくまでも「投資家」や「市場に携わる人」へ自社の実態や経営方針をわかりやすく伝える活動である。「ＩＲ説明会をやればアナリストによる投資評価が高まり、株価も上がる」とか「ＩＲ説明会の開催回数に株価が比例する」というわけではない。場合によっては、「アナリストによる投資評価引下げ」や「一般投資家の失望売り」を誘うリスクもある。

したがって「ＩＲ活動＝株価対策」と短絡的に考えてはいけない。しかし投資家には欲があるので、「どうせ投資するのであれば、株価が上がる企業を買いたい」

というのが本音である。ＩＲ説明会ではその会社の実態や経営方針を知るだけでなく、「株価上昇確率が高い企業かどうか」を見抜きたいところである。

とはいえ「好業績」「強固な財務体質」「高いシェア」「株主還元」「熱心なＩＲ活動」「経営者の人柄」だけでは株価上昇に直結しないこともある。株価を決めるのは「需給」である。つまり「買いが多く、売りが少ない」ことが、株価上昇の条件になる。

筆者の経験則だが、「取引先に株式をずっと持ってもらえる企業の株価はなかなか下がらない」ということは言える。特に「新規公開したばかりの企業」や「発行済み株式数が比較的少ない企業」であれば、その傾向は強い。儲けたいと願う投資家であれば、ＩＲ説明会で最も気にすべきことは、「この会社の経営トップは取引先に自社株を買ってもらうか、また買ってもらった自社株を売られないように行動し続けるか否か」という点だと思う。

第二章◆売買テクニック　基本のキホン

Q 証券会社をどうやって選ぶか

16

A 「機械やパソコンが苦手で、自分で注文入力するのは不安」という人は、手数料が少々高くても、従来の対面営業型証券会社が無難。一方、「証券会社からあれこれ奨められるのは落ち着かない」「証券会社から電話がかかってくるのは嫌だ」という人はネット証券のほうがよい。

あとは何に重きを置くかで変わる。対面営業型であれば「家の近く」「仕事場の近く」「担当者との相性」「アドバイスの的確さ」「株式投資以外の紹介をしてくれる」「会社そのものの信頼度が高くて潰れる心配がない」など、人によって重点は異なる。なかには「家の近くでは困る」とか「大手は態度が尊大なので中小のアットホームな証券会社がよい」と思う人がいても不思議ではない。またネット証券の場合でも、「手数料」「情報画面機能の充実度」「システムダウンのないシステムに対する信頼性の高さ」など、投資家によって求めるものは異なる。

自分が譲れない部分をクリアした証券会社のなかから、肩が凝らずに何となく自然に接することができる証券会社が、あなたに合う取引先となろう。

「絶対に譲れない点」をクリアした証券会社のなかから選ぶ

17

Q「買った後のことを」どの程度考えて買うか

A「利食い目標だけ決めている」と答えた人は、楽天家すぎる。いくら売買に自信があっても、失敗した時のことも考えておきたい。損し始めてから慌てて考えると、冷静に判断できなくなるので、必ず事前に「損切りライン」も決めておくこと。「損切り目標だけ決めている」と答えた人は、手堅い投資家かもしれないが、肝心の儲けた時の準備ができていない。「損切り」だけでなく「利食い」も難しいので、ちゃんと目標値を決めておきたい。

仕掛けを「入口」としたら、利食いは「通常の出口」。そして損切りは「非常口」。出口も非常口も確かめずに入り込んでしまうと、思わぬ危険が潜んでいるかもしれない。ことが起きてから「出口」「非常口」を探しても、パニックになるケースが多い。

仕掛ける前なら落ち着いて冷静に判断できるので、仕掛ける前に「通常の出口」「非常口」の両方を確かめておきたい。何も難しく考える必要はない。「株価が○○○円になったら利食う」「×××円になったら損切りする」と事前に決めるだけのことである。

夫は旅行に行くと必ず宿の
出口
非常口
を確かめる人
ギョエーッ
なんだけど……
このままでは大損!! どうしよう!!
株の出口、非常口は確かめない

仕掛ける前に「通常の出口」と「非常口」の両方を確認しておく

投資銘柄数は少なくてよい

18

Q あなたが投資している銘柄の数は？

A 「三〇銘柄以上」と答えた人は、投資信託か年金基金を運用するプロの運用担当者向き。しかしこれだけの銘柄を管理するのは大変である。多分、他のことができなくなる。「株式の運用がビジネスで本業」という人以外にはお奨めできない。

「五～一〇銘柄」と答えた人は、一般投資家として無難な選択である。一〇銘柄以内なら、一日に五～一〇分間程度である程度のチェックはできる。

「一、二銘柄」と答えた人は、個人投資家としてはプロ中のプロ。人間の眼は二つしかないので、ネット証券の画面をずっと見ていても同時に二銘柄の動きしか追えないはず。つまり二銘柄以内に絞って売買したほうが、納得のいく売買をしやすい。銘柄数を絞ることに不安をおぼえる投資家も多いようだが、先物ディーラーには「日経二二五先物」だけしか売買しないというプロが多い。

たとえ銘柄数が一つでも、継続的かつ恒常的に一定売買高以上の売買がある銘柄であれば特に問題はない。むしろ「売買高が少ない銘柄」をあれこれ保有すると、処分する時に困ることが多い。

株の達人とおききしました
ぜひともお会いしてお話を…
いいよ
何銘柄ぐらいに投資なさってるんですか？
50銘柄
じゃあ他のことはできないのでは？
できない
かれこれ1年以上風呂に入ってない〜
お会いするのやめます…

売買する銘柄数が少なくても困らない

投資期間はいろいろあってよい

19

Q 投資期間をどう設定するのが有利か

A 正解は一人ひとり異なる。各自の投資目的によっても、全く変わってくる。「二〇年あるいは三〇年先の老後資金を運用する場合」と「数年以内に住宅を購入したいので、その頭金作りとして株式投資を行う場合」と「毎月のお小遣い捻出の手段として株式投資を行う場合」とでは、投資期間にかなり差があってもおかしくはない。

また投資家自身の性格や生活スタイルによっても左右される。「頻繁に売買することを好む人」と「じっくり長期保有を好む人」では、当然一回当たりの投資期間に大きな差が出てくる。また株式投資に毎日割くことのできる時間は、各自異なる。サラリーマンと自由業の人では当然異なる。一日に数分間しか割けない人が、デイトレードをするわけにはいくまい。まずは自分が現状で割ける時間内で投資するしかないので、忙しい人に短期売買は向かない。

しかし何よりも重要なのは、儲かるやり方でなければいけないこと。この儲かるやり方というのは、各自皆異なる。ただし「短期売買」「中期投資」「長期保有」の全部が得意という人は滅多にいない。一つでも得意なものがあればよいほうである。もし得意な投資手法が中期投資であれば、その人は中期投資をやるべきである。あるいは短期売買でしか儲けられないのであれば、短期売買を繰り返すしかない。

もし得意な手法がまだない場合は、何回か試してみてなかなかうまくいかない手法を避けて、比較的苦手感の少ない手法を消去法で選ぶしかない。

要するに「得意な投資期間を選ぶ。もし得意な投資期間がまだ見つからない場合は、不得手な度合いが多いものから除去していく」というのが、正しい選び方である。

自分が不得手な投資期間での売買は避ける

20

一発買いは危険だ

Q 株は何回かに分けて買うべきか

もしあなたが、A社の株を一〇万株仕込もうとしたら、何回ぐらいに分けて買う?

A 「手数料がもったいないから一回で一〇万株買ってしまう」と答えた人は、危険なタイプ。最高のタイミングで買うことなど至難の業。よほど分析が的確でも「一発買い」で成功することは滅多にない。もしうまくいっても、ただ単にラッキーだっただけと思ったほうがよい。

「数回に分ける」と答えた人が正解。どうせ人間には先のことなどわからない。つまり「どこが一番安い時か」などということは、買う時にはわからない。その後暫くして株価が上昇してみてから振り返ってみて初めて「あの時が底値だった」とか「あの時が一番よい買い場だった」とわかるのが普通である。これはプロもアマも同じである。

「一番安いところで全部買うこと」など運がよくなければできない芸当なので、最初からそこまでは望まないこと。何度かに分けて買えば、少なくとも買った後にジリジリ下げても、買いコストを引き下げながら仕込むことができる。プロ中のプロの場合「一〇万株を買うのに四〇〇〇株ずつ二五日間に分けて買う」といったようなことをしたりもする。

なお最初に買った直後に株価が上昇し始めたら、「一番安いところで買えたから、この銘柄はもう追加で買わない」と考えてもよいし、「上昇基調になったのだから、予定通り買い増しをして、その流れに乗る」と考えるのもよい。これは投資家の性格にもよるので、どちらが正しいとは一概に言えないが、プロは後者が多い。

必ず何度かに分けて買うこと

発注を決めたらすぐ動け

21

Q 株式発注時に注意すべき点は？

A 「銘柄名」「売り・買いの別」「信用取引であれば新規・返済の別」「指値《さしね》」「数量」などを確認して発注するのは当然。なお発注を決断したら、ただちに発注する。「様子を見よう」などと考えないこと。

株式取引は「価格優先」「時間優先」というルールがある。同じ価格での注文は先に発注したほうに優先権がある。発注を決断したら、一秒でも一瞬でもはやく発注したほうがよい。タッチの差で売買を逃すことは少なくない。「いつまでもあると思うな今の板」である。板がなくなってしまうと、いくら力んでも、なかなか売買できなくなる。発注する際には、可能な限り素早く発注すること。

一般投資家にとってはあまり関係ないかもしれないが、筆者が山一證券のディーラーだった時に、立会時間終了後に注文の入力練習を毎日繰り返していた若手ディーラーがいた。プロはタッチの差で売買を逃すことを嫌う。そのため、一瞬でも早く注文を入力できるようにトレーニングを重ねていた。投資家は決断をしたら、とにかく急いで発注すべきである。

発注を決断したら、できる限り急いで発注すること

22

含み益など利益ではない

Q 含み益が生じた銘柄をどうするか

A あなたは買った銘柄が値上がりした時に、さっさと利益確定をするタイプか？　それとも含み益として温存するタイプか？

どちらが正解かは後にならないとわからない。さっさと売ってしまっても、その後もっと株価が上昇することもある。あるいは含み益として温存したつもりでも、その後に株価が下がってしまい利益が減ることもある。「最高の売り場」「最高の手仕舞い局面」など、なかなかその時にはわからない。もしわかれば、誰だって苦労などしない。

しかし、「弱い銘柄を残して、強い銘柄をさっさと売却する」のは最悪である。強い銘柄だけ利益確定をしてしまい、マイナス側に回転している銘柄だけ残すと、運用成績はもっと悪くなる。そういった意味では、何でも売り急ぐのがよいとも言えない。むしろ「マイナス側に回転している銘柄はさっさと処分して、プラス側に回転している強い銘柄を残す」のが投資のセオリーである。

なお迷った時は、全部売ってしまったほうがよい。全部売って現金にしても、また思い直して買うことはできる。あるいは「信用取引の売り」であれば、全部買い戻していったん清算しても、また売り直すことはできる。

しかしダラダラ持ち続けると、次の手が打ちにくくなる。含み益がいつまでも含み益であるとは限らない。「利食い千人力」ではないが、自分が事前に決めた利幅を確保したら、欲張らずにいったん利食って現金化したい。現金にしておけば、何とでも手は打てる。しかし含み益のままでは、手が限られる。そういった意味では実現益のほうが含み益よりも優れている。

含み益だけでは次の手が打てない

休むも相場なり

23

Q あなたは1年間に何日程度売買する?

A 正解は人によって異なる。年間数日だけでも儲かれば正解。毎日欠かさず売買しても儲からなければ不正解。人それぞれ売買手法は違うだろうし、本人の性格も異なるので、短期売買向きの人もいれば、長期投資向きの人もいる。自分に合ったやり方で売買していれば、売買頻度は特に問わない。

株価チャートを見ればわかることだが、「株価が常に上昇し続けること」も「株価が常に下落すること」もない。上げたり、下げたり、横ばい状態が続いたり、と変化がある。これは日足でも週足でも月足でも、どの期間のチャートを見ても言えることである。兜町流に言えば、「上げたり、下げたり、休んだり」という表現になる。

つまり相場は一本調子でずっと続くことはまずない。休む局面もある。休みの局面では「売っても、買っても儲からない」。また「買い一辺倒の投資家」であれば、下

得意な局面でのみ勝負をする

げ局面では儲からない。逆に「売り一辺倒の投資家」は上昇局面では儲からない。だからと言って無理に苦手な局面で不慣れな売買をしてはいけない。

「買い一辺倒の投資家」が下げ局面で「売り」を仕掛けても、なかなか儲からない。常に儲けることは難しいので、得意な局面で儲けることを心がけ、苦手な局面になったら「休養する」ことを忘れないようにしたい。「休むことが次の儲けにつながる」と考えて、苦手な局面ではしっかり休みをとりながら、得意な局面が来るのをじっと待つのがよい作戦である。

24

Q 現値が買値を下回っている銘柄をどうみるか？

A 事前に決めた価格を下回るか、もしくは「テクニカル指標の売りサイン」が点灯したら、さっさと売ってしまうのが正解。

仕掛けた時はそれなりの勝算があってのことなので、「なかなか損切りできない人」が多い。しかし「仕掛けた時の見通しに誤り・間違いがあったから、その後の株価も悪いほうに動いた」と考えたい。

自分を信じすぎて「儲かるまでずっと待つ」といった選択肢をうっかり選んでしまうと、「三〇〇万円で買ったNTT株を、一五年かけて五〇万円以下にしてしまった」とか、「四〇〇〇円近くで購入した古河電工株を、たった二年で二〇分の一以下にしてしまった」などの大損をすることもある。特に「潰れる心配のない大企業の株式ほど、危機感を持たずに保有し続けてしまいがち」なので、「事前に決めた損切りライン」

に達したら必ず手仕舞うべきである。いったん手仕舞って現金化すれば、次の手は打ちやすい。しかし塩漬けのままだと、何も手を打てずに時間だけが経過していくことが多い。

塩漬けのままだと次の手が打てない

25

Q 株主優待のある銘柄をどう考える

A「株主優待は配当金と異なり、非課税なので有利。だから必ず株主優待の権利を確保する」と答えた人は、ある面では正しい。確かに課税対象外となる。しかし権利を確保するために買い付けても、株価そのものが下がってしまうと、極めて割高な株主優待になりかねない。

例えば、某外食産業株を株主優待の権利確定日直前に買って、その後株価が大幅に下落した場合など、優待券で一〇食分の定食を無料で食べても、株式投資で一〇万円損をしたので、実質的に一食あたり一万円の定食になってしまう。株価下落で大損をしたまま、株主優待券で食事をしても、「美味しい」とはなかなか感じないだろう。

株主優待はオマケにすぎず、株価変動や配当金増減のほうがはるかに重要である。株主優待で受けるサービスなどせいぜい一万円程度のことが多い。それならば、株式の売買で儲けてから、儲けたお金でそのサービスを買えばよい。株主優待権利確定日に無理な売買をしてはいけない。もし株主優待サービスが欲しければ、株式の売買で大儲けして、その儲けたお金で商品やサービスを購入すればよい。

「株主優待サービス」よりも「売買で利益を出すこと」のほうが重要

26

Q 「下落傾向の株」をどのタイミングで買うか

A 誰もが「少しでも安く買って、少しでも高く売りたい」と願っている。したがって「株価下落中の株式」は魅力的な投資対象に見えてしまう。しかし、いったん株価が下がり始めると、高値で買った投資家による損切りも増える。このため投資家が思っている以上に株価が下がり続けることはよくある。

投資家心理は微妙で、一定レベルを超えると急に恐怖心が強まり、狼狽する投資家が増える。恐怖心に耐えられなくなった投資家の狼狽売りがピークに達した時が、株価の底値である。最初は恐怖心などないから安心して買っていたものが、ある時突然恐怖心を抱く投資家が増えて、「売り殺到」になる。この「突然恐怖心を抱くレベル」を事前に予想することは難しい。また皆が恐怖心を抱いて売っている時に、あえてその反対の行動をとることもかなり難しい。結局、大底で買うことはなかなかできない。

やったじゃん!!
「よくできました」がまたひとつ減ってる!!
何でも「下落中」に魅力を感じる株をやってる困ったお母さん
通知表

というか「買える人は少ない」から大底が形成される。なかなか買えないところで無理して買おうとしても、非現実的である。

それよりも大底を少しすぎてから、「あの時が底値だったな」ということを確認してから買ったほうが買いやすいし、失敗も少ない。空から落ちてくるナイフを空中でつかもうとすると、ナイフの柄ではなくて刃をつかんでしまい大怪我をしやすい。それよりは地面に突き刺さってから、柄をつかんで抜いたほうが安全で、しかも楽である。底値に向けて下げている時を狙うのではなく、底値をつけてから買ったほうがうまくいきやすい。

底打ちを確認してから株を買ったほうがうまくいきやすい

アナリストなど無視する

Q27 「人気アナリストのレポート」は必読か

A 「人気アナリストの影響は絶大なので、レポートの目標株価に従って売買する」という投資姿勢はあまり感心しない。人気アナリストというのは、機関投資家が決めているだけで、必ずしも個人投資家にとって有益なアナリストとは限らない。またアナリスト自身は株式投資や売買の経験が乏しいケースが大半。プロ野球やプロサッカーの評論家とは違い、実戦経験に欠ける場合も多い。どちらかというと、アナリストレポートは機関投資家が投資に失敗した時に「このレポートを信じたのに駄目だった」と言い訳をしたり、あるいは新規投資をしぶる上司に「○○という人気アナリストが強気のレポートを書いているから今すぐ買いましょう」と言って説得する時に使われる。

「機関投資家がどう動くかを考えるための参考材料」と答えた人は正しい。「アナリストレポートは機関投資家向けに書かれている」と認識して読むことは、必ずしも悪いことではない。しかし現実問題として、機関投資家のように何千億円とか何百億円の資金を動かせる個人投資家はほとんどいない。

「どうせ手に入らないので無視する」というのも、ある意味で正解。人気アナリストは高額な報酬を支払う外資系証券に所属しているケースが大半。しかし外資系証券の多くは、個人投資家向け営業を行わず、機関投資家向け営業に特化している。「何百億円以上の運用資産」「一日あたりの発注額が最低でも億円単位」といった投資家を相手に、少ないスタッフでビジネスをしているから高額の報酬が支払える。自社アナリストのレポートを「大量発注が期待できる機関投資家」にしか渡さないケースが普通である。つまり一般投資家が入手することは難しい。手に入らないものをねだっても仕方がないので、無視するしかない。

アナリストレポートは機関投資家向けに作成されている

板がなくなってからでは遅い

28

Q 売買注文の板画面をどうみるか

A 例えば、あなたが、「銘柄Aを二五〇円で五〇〇〇株売ろう」と考えていた時に、下のような板画面が現れた。どう行動するか？

「買い板のほうが厚いので少し様子をみる」と答えた人は、株式投資にはあまり向いていない。今なら希望通りに二五〇円で五〇〇〇株売れる。しかし一〇秒後にも二五〇円に買い板が五〇〇〇株以上ある保証など全くない。グズグズしていないで、ただちに「二五〇円で五〇〇〇株の売り注文」を出すべきである。「買い板」が消えてから嘆いても、「あとの祭り」である。

「迷わず二五〇円で五〇〇〇株を売る」と答えた人は、投資

売り（株）	値段（円）	買い（株）
30000	253	
45000	252	
8000	251	
	250	6000
	249	85000
	248	240000

板があるうちに希望通りの値段で売買する

時々、板が消える
という超常現象
が起こる不思議
な家
板が
消えた
!!

家として正しい。一寸先は闇で、同じ板がいつまでも続くとは限らない。希望の値段に希望の数量以上の板があることは、「恋人にしたいと思う異性から愛を告白されること」と同じくらいの幸運と考えるべきである。余計な考えなど捨てて、「板がある」うちにただちに行動したい。モタモタして、いったん板が消えてしまう（誰かに売られてしまうこともあれば、注文を出していた人の気が変わって注文取消しになる場合もある）と、その後は希望の値段でなかなか売れなくなるケースが多い。

29

Q 新しい取引手法に挑戦する時の注意点は

慣れるまでは少額で

A「失敗した時の最大リスク」をまず考える。万一、最悪の結果に終わっても困らないように、比較的少額の取引から始めること。

人間には欲があり、また新しい手法に取り組む時は向上心が旺盛なので、どうしても多額の取引をしたくなる。確かに「少額の取引」よりは「多額の取引」のほうが、うまくいった時の利益は大きい。しかし新しい取引手法に、最初から慣れている人はいない。不慣れな取引手法で多額の資金を動かすことは、大変危険である。

例えば、今までは「現物買い」一辺倒で売買してきたとしよう。しかし運用成績に不満があって、「信用売り」によって下げ相場でも利益を狙いたいと考えるかもしれない。この場合、「信用売り」をやってみることは悪いことではないが、いきなりたくさんの金額で「信用売り」をすることは感心しない。まずは最小単位から「信用売り」を始めて、「信用売り」に慣れることが大切である。自動車の運転免許を取得する際にも、教習所ではゆっくりとしたスピードでの運転に慣れてから、徐々に速いスピードの運転に慣れていくように教える。いきなり高速道路を全速力で運転する教習などありえない。

株式投資も同様で、やったことのない取引手法を使う場合は、いきなり大金を張って売買をするのではなく、まず少額取引を繰り返して、売買に慣れることが先である。そしてある程度慣れてきてうまくいく確率が高くなってから、あるいはうまくいかない時にも何とか逃げられるようになってから、多額の資金で取引をして大きく儲ければよい。慣れないうちに多額の取引をすると、他の投資家にむしりとられるケースが大半である。最初は最小単位で始め、慣れるに従って取引額を増やせばよい。

まず少額取引に徹して売買に慣れる

デイトレード向きの銘柄とは?

「デイトレード向きの銘柄とは?」という質問を頻繁に受ける。この質問に対する答えは、次の四条件を満たす銘柄である。①「売り」からでも「買い」からでも入ることができる。②価格の変動幅がそれなりにある。③常に売買高が多くて値付きがよい。④売買の最低単位が手ごろな金額である。

デイトレードというのは「仕掛けの売買」も「手仕舞いの売買」も同じ日に行うのが普通で、翌日に持ち越さない。毎日の株価が「午前中は低く、午後は高い」とは限らない。朝買い付けてその日のうちに利食える時もあれば、逆に朝は売りから入ったほうが儲かるケースも少なくない。したがって「売り」「買い」どちらからでも仕掛けが可能な「貸借銘柄」であることが望ましい。

あくまでも当日中での決着を求めているので、毎日それなりに価格が動く銘柄でないとデイトレードの対象にはならない。証券会社の自己売買部門とは異なり、一般投資家は売買手数料を払う必要がある。「手数料を負担しても利益が出る値幅以上の動き」がない銘柄では困る。なお一五時までに手仕舞わなければいけないので、一日中売買が活発に行われる銘柄でないと困る。

いくら「一日の最高値と最安値の値幅が大きい銘柄」であっても「午前中の売買高は大きいが午後はあまり売買が成立しない」というのでは、一五時が接近しても手仕舞いに苦労する。

どの程度の金額で売買するかは投資家の経済力にもよるが、あまり金額の大きい銘柄では市場参加者が減るのでデイトレードに向かない。さりとて低すぎてもよくない。いくらネット証券の手数料が安くなったといっても、一単位当たり五万円の売買では手数料がかなり割高になる。最低単位の売買金額が一〇万円以下の銘柄はデイトレードに不向きである。

これらの条件を満たしている銘柄であれば、デイトレード向きである。あとは「投資家自身の腕（技量）」と「少しの幸運」があれば、デイトレードに成功するはずである。

ところで売買対象に選んだ銘柄であるが、あまり変更しないほうがよい。できればー年中同じ銘柄を売買したい。というのは、毎日売買している銘柄であればいろいろなクセもわかるので、その都度銘柄を変更する場合よりも有利である。それにその都度銘柄を探すことは、時間的負担も大きい。

ということは、一年中常に売買高が多い銘柄を選ぶべきである。ある時だけ人気化している銘柄の場合、その時は売買しやすくても暫くすると商いが閑散となり、また別の銘柄を探さなければいけなくなる。そういった意味では、「直近の売買高上位や売買代金上位銘柄」というよりも、「年間を通じての売買高上位や売買代金上位銘柄」のなかから選ぶほうがよい。

第三章◆これだけで大丈夫　テクニカル分析の知識

30

Q 株式売買をする際、何を基準に判断するか

A 「直感」と答えた人は、「天才」か「無知」のどちらか。でも九九%以上は無知で、単なる不勉強のケースが多い。万一直感でもちゃんと儲かる人がいれば、これは本当の天才だが、滅多にいない。

「業績」と答えた人は、証券アナリストに向いている。しかし「業績」と「株価」は必ずしも一致しないので、「業績予想は的確だが、売買結果は今ひとつ」というケースも少なくない。

「テクニカル分析」と答えた人に、売買上手な人が多い。ただし業績を無視したまま売買をしていると、「保有株がある日突然紙屑化」ということもある。また「テクニカル分析に詳しすぎる人」も要注意。複数のテクニカル分析を同時にみると、「買いサイン」と「売りサイン」が混在して、迷いが生じる。

どうせなら、一種類のテクニカル分析だけを信じて売買したほうがうまくいく。なお「どのテクニカル分析が最も有効であるか」は、使う人によって異なる。他人がどうであるかなど一切関係なく、自分が一番儲けやすいテクニカル分析を使えばよい。

私は直感
私は業績
私はテクニカル分析
私は会社の名前の総画数
姓名判断
……!?

自分が最も信じるテクニカル分析だけを徹底的に信じる

31

Q 保有株のローソク足に長い上ヒゲが現われたら

A 「長い上ヒゲは縁起が良いので、そのまま保有する」と答えた人は間違い。上ヒゲは「いったん高い値段をつけたものの、引けではその値段を維持できなかった」ことを意味する。つまり「相場の弱さ」「売り圧力の強さ」を示す。したがって「長い上ヒゲ」＝「売りサイン」と考えるべき。

「長い上ヒゲが出るようでは、相場は伸びないので、いったん売る」と答えた人は正解。「短い上ヒゲ」なら、それほど気にする必要はない。しかし「長い上ヒゲ」が示現する場合は、「売り圧力がかなり強い」と考えるのが普通。

なお「下ヒゲ」については、「いったん低い値段をつけたものの、引けではその値段から戻した」ことを意味する。つまり「相場の強さ」「買い圧力の強さ」を示す。したがって「長い下ヒゲ」＝「買いサイン」と考えるべき。

ヒゲと反対の方向に相場は進みがちだ

島津製作所の週足
(2002年3月〜2003年1月)

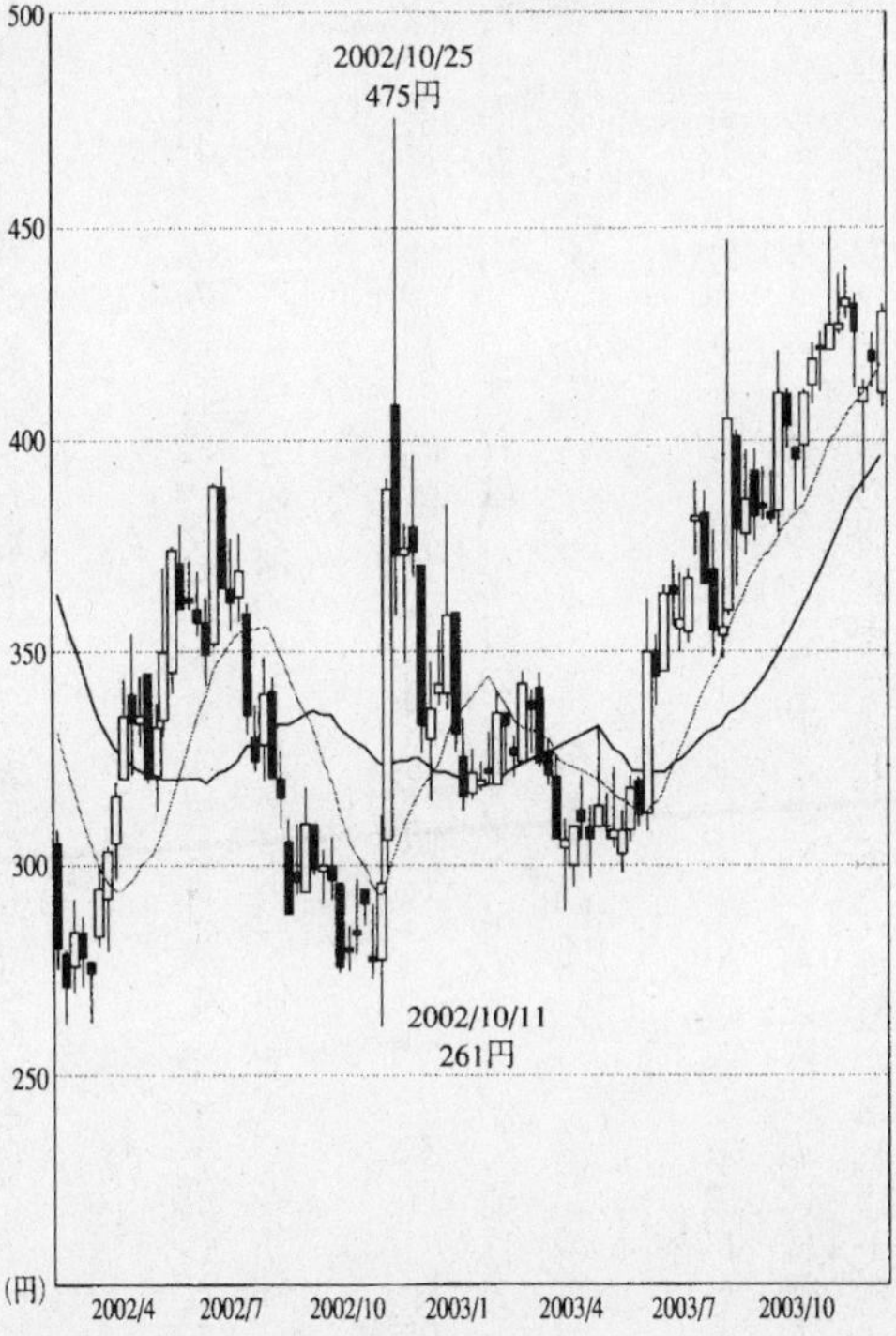

32

Q ローソク足の組み合わせで一番注意する点は

A 「高値圏での包み足陰線」「安値圏での包み足陽線」が示現したら、逆らわないこと。「包み足」とは、「直前のローソク足の実体部分」よりも「始値と終値の範囲が広いローソク足」のこと。

例えば、前日の株価が「始値五〇〇円・終値五一〇円」、本日の株価が「始値五一五円・終値四九八円」であれば、本日のローソク足の実体が「前日のローソク足の実体」を覆う形になる。前のローソクを包む形なので、「包み足」(または「包み線」)と呼ぶ。

株価が上昇し続けたあとに、前のローソク足を包む陰線が示現したら、株価がこれ以上高く伸びないケースが多い。「売りサイン」と言える。逆に株価が下落し続けたあとに、前のローソク足を包む陽線が示現したら、株価がこれ以上低く伸びないケー

ソフトバンクの月足
（96年～2003年）

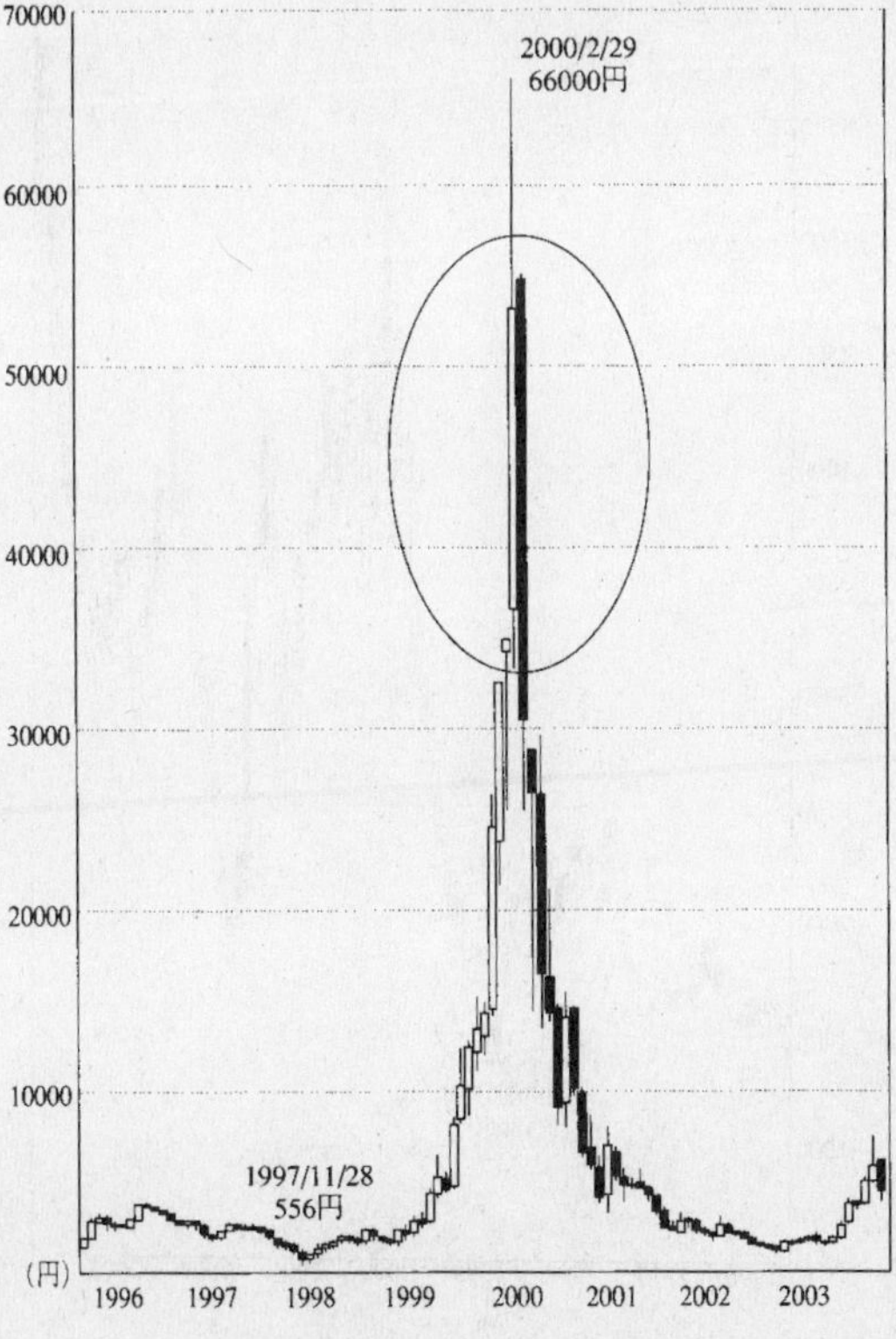

（注）株価は分割修正した数値

日東電工の月足
（96年～2003年）

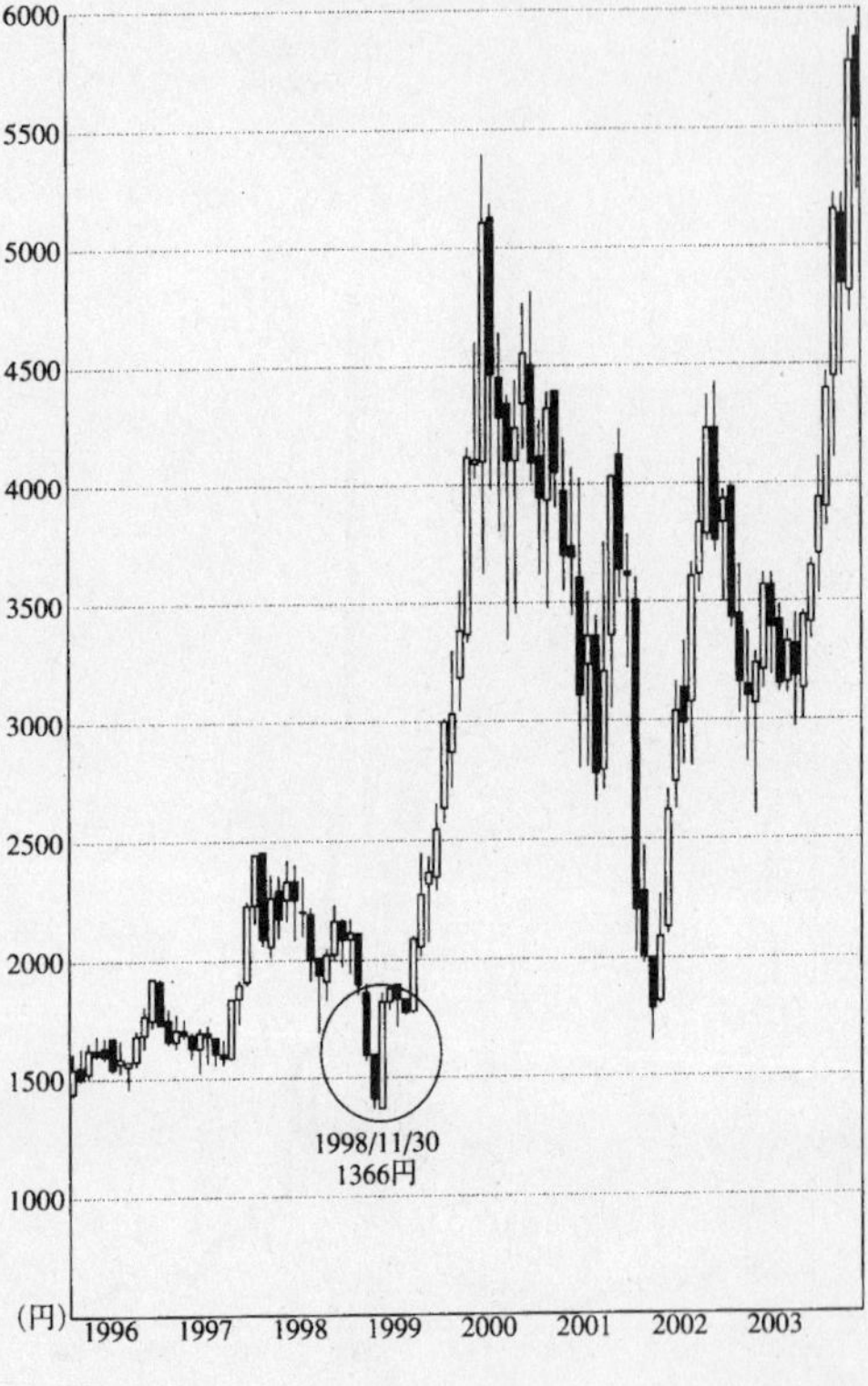

32

スが多い。「買いサイン」と言える。

具体的には、「9984 ソフトバンク」株の月足をみてみると、一九九九年から株価がずっと上昇してきて「二〇〇〇年二月の陽線」を「二〇〇〇年三月の陰線」が包む形になった。これは典型的な「高値圏での包み足陰線」で、強力な売りサインである。その後の株価は大幅に下落した。

また「6988 日東電工」株の月足をみてみると、九七年後半から株価がずっと下落してきて「九八年一〇月の陰線」を「九八年一一月の陽線」が包む形になった。これは典型的な「安値圏での包み足陽線」で、強力な買いサインである。その後の株価は大幅に上昇した。

ローソク足チャートの組み合わせでは、「包み足」が最もわかりやすい。「包み足」が示現したときには、あえて逆らってまでリスクを拡大することは避けたい。

包み足が現われたら迷わず売買

ギザギザは売り

Q 株価チャートの形で天井圏を示す特徴は

33

A 株価の天井は一瞬であることが多い。「天井状態が長続き」というケースは非常に珍しい。このため後からチャートを眺めてみると、天井のところだけ、株価が上に尖った形になるのが普通である。なお底値については、必ずしも下に尖るとは限らない。「なべ底」のように底値状態が長続きすることも珍しくはない。

「株価チャートが上に尖ったのがわかったら、少なくとも買い続けることはやめる」ということだけでも投資家は守りたい。もちろん「株価チャートが上に尖った」ということがわかるのは、天井を少しすぎてからであり、尖っていく途中では絶対にわからない。実際問題として、尖っていく段階では、どこまで上に尖るのかなど、なかなか予想できない。天井をつけてからしばらくして初めて、「あの時に天井だった」ということがわかるので、天井でピンポイント売却することは極めて困難である。

しかし天井をつけた後にどんどん買ってしまうと、これは悲惨な結果になる。それを避けることができるだけでも、長い目で見れば運用成績はかなり差がつく。したがって「株価チャートが上に尖って、ギザギザのチャートになったら、即座に売る」、あるいは「少なくとも絶対に買い増ししない」ということは実践したい。

株価チャートの天井は上に尖りやすい

古河電工の月足
(97年〜2003年)

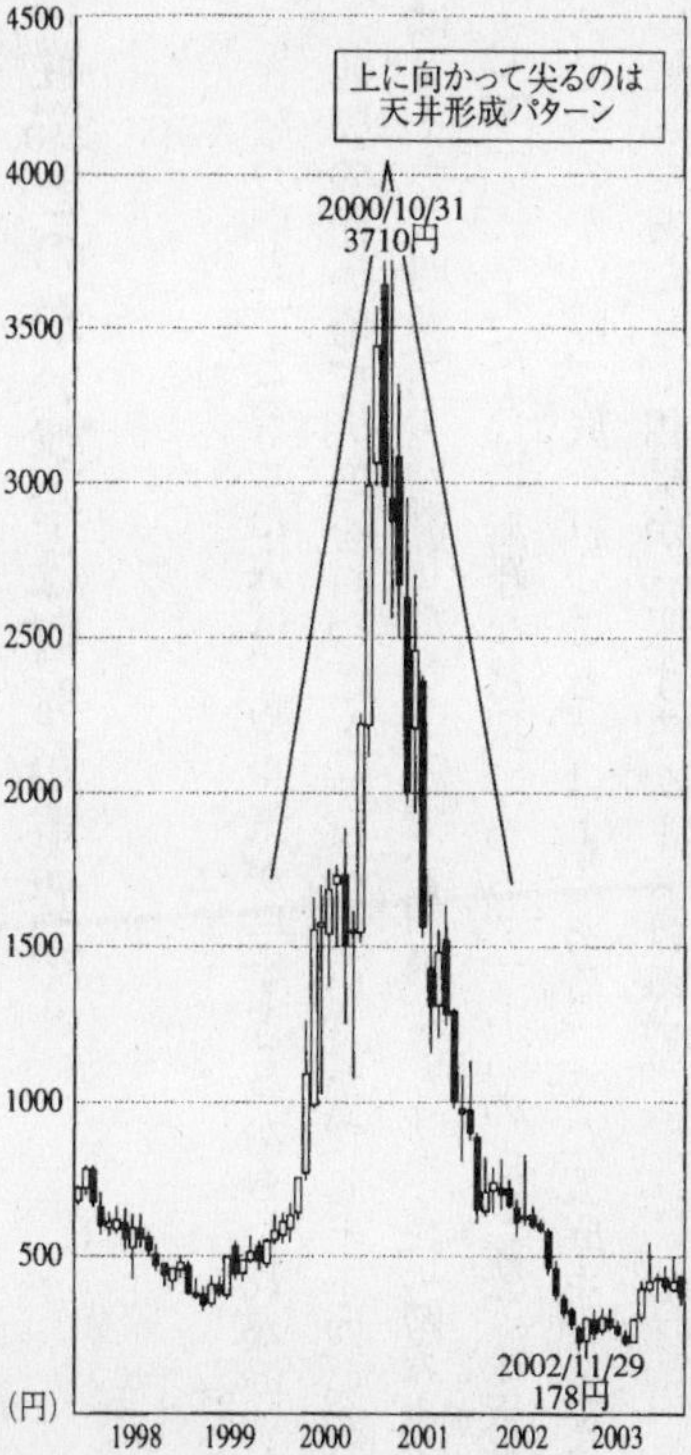

34

Q 日経225とのかい離率は何%が重要か

A 「三%から四%」と答えた人は、やや気が早すぎるかもしれない。実際に「上下三~四%のかい離で天底を打つこと」は少ない。ただし上下四%程度(プラス四%またはマイナス四%)かい離したところで、相場がいったん足踏みすることは多い。

「六~七%」と答えた人は、無難な選択である。「七%のかい離で小天井を打ったり、マイナス七%のかい離で底を打つこと」はよくある。また天底を打たなくても、上下七%かい離したあたりで相場が一服するケースは多い。

「九~一〇%」と答えた人は、天底で売買できるかもしれない。上下九%以上のかい離になることは、一年にそう何日も遭遇しない。しかしそういった場面が起きれば、またとない売買チャンスになる。「マイナス九%になったら買い、プラス九%になったら売り」ができれば、勝率はかなり高い。

日経225が25日移動平均線から上下9％以上かい離したら滅多にないチャンス

日経225と25日移動平均線からのかい離率

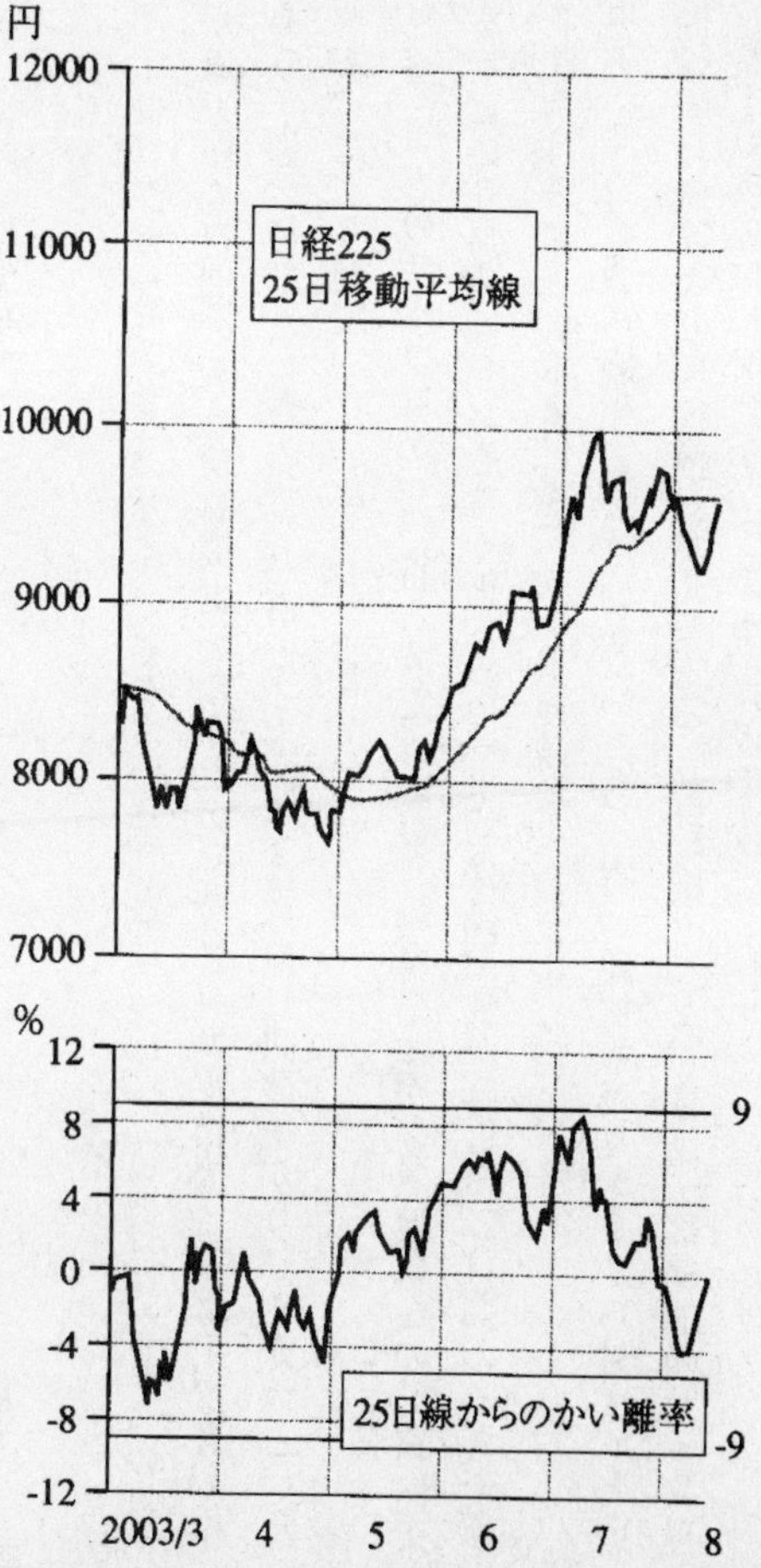

35

Q「サイコロ10勝2敗」をどうみるか

A サイコロジカルライン（サイコロともいう）とは、「株価が前日比プラスの日」が直近一二日間のうち何日間あったかというテクニカル指標。昔は土曜日も相場があり、週六日制だったので、「直近二週間のうち何日間値上がりしたか」という意味もあったようだ。

「日経二二五のサイコロが一〇勝二敗だったら、相場全体が過熱現象なので買い手控える」という判断は、おそらく正しい。「平均株価指数が直近一二日間のうち一〇日間も上昇すること」など滅多にない過熱現象と言えよう。

「東証一部の個別銘柄が一〇勝二敗だったら、買い銘柄候補リストから外す」という判断は、投資家として無難な選択である。経験則として、東証一部銘柄のサイコロが一〇勝以上で高止まりすることはほとんどない。

しかし「二部銘柄」「店頭銘柄」「マザーズ銘柄」などの場合は、いったん動意づくと一五連騰くらいは平気で実現してしまうので、「一二勝状態が続く」こともある。

サイコロジカルラインは「東証一部主力銘柄」にしか使えない。

東京電力の日足とサイコロジカルライン
(2002年5月～2002年9月)

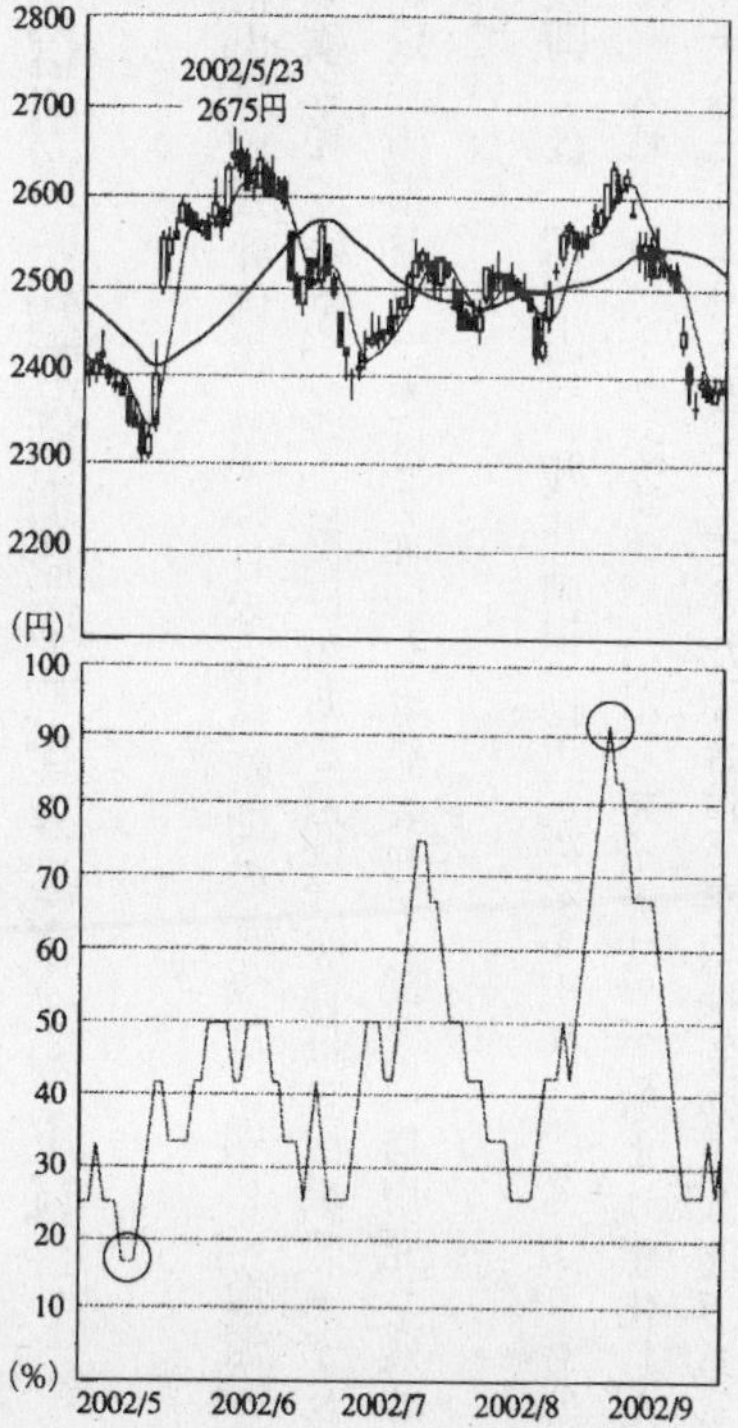

サイコロジカルラインが当てになるのは「東証一部銘柄」だけ

36

Q 「信用買い残評価損益率」をみるポイントは

A 信用買い残評価損益率は日本経済新聞の木曜付け朝刊に前週末数値（推計）が掲載されている。ただし祝日がある週は、翌日以降に掲載がずれ込む。また「信用買い残評価損益率」だけを推計して発表している。「信用売り残評価損益率」は発表されていない。

経験則では、「信用買い残評価損益率」がマイナス二〇％よりも悪化すると、平均株価が底入れするケースが多い。ただしマイナス三〇％より悪化したこともある。逆にマイナス三％よりも改善してきた場合は、平均株価の天井圏であることが多い。特にプラスに転じた時は、滅多にないことなので断固売るべし。

この指標のよいところは、週に一回チェックするだけで、平均株価の相対的な水準が把握できることである。毎日チェックしないで済むというのは、忙しい投資家にとっては有り難い。欠点は中途半端な水準、つまり「マイナス三%～マイナス二〇%」の時は、これといった判断ができないことである。

日経225と3市場買い残評価損益率

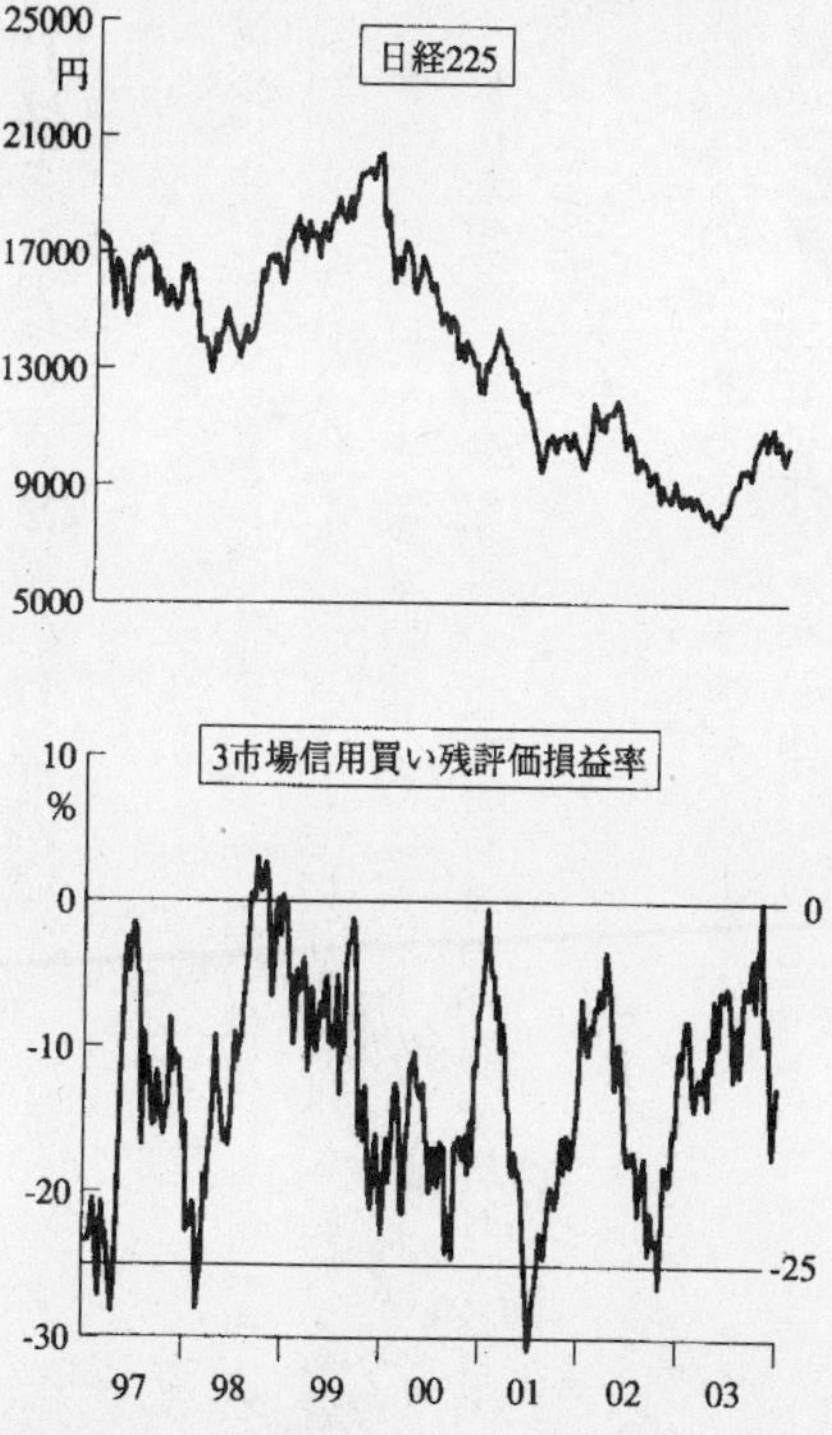

プラスに改善したら天井圏

37

Q 長続きしない異常値の具体例は

A 滅多に現われない異常値が出たら、深追いは避けたほうがよい。滅多に現われないから異常値なのであって、あとで振り返れば、「絶好の売買ポイントだった」というケースは多い。主な異常値としては、以下のものがあげられよう。なお「異常値の一般的な定義」はないので、投資家自身の経験や感覚で各自が「異常値の基準」を設定することになる。

日経二二五の天井をあらわす異常値

①騰落レシオ（二五日ベース）一四〇％以上

②二五日移動平均線上方かい離九％以上……34参照

③三市場信用買い残評価損益率がプラス……36参照

日経二二五の底値をあらわす異常値
①騰落レシオ（二五日ベース）六〇％未満
②騰落レシオ（六日ベース）三五％未満
③二五日移動平均線下方かい離九％以上……34参照
④三市場信用買い残評価損益率がマイナス二〇％より悪化……36参照
東証一部上場銘柄の天井をあらわす異常値
①サイコロジカルライン（一二日ベース）一〇勝以上……35参照
②ボリュームレシオ（二五日ベース）四五〇％以上
東証一部上場銘柄の底値をあらわす異常値
①サイコロジカルライン（一二日ベース）一勝または二勝以下
②ボリュームレシオ（二五日ベース）五〇％未満

日産ディーゼルの日足とボリュームレシオ
(2003年7月〜2003年12月)

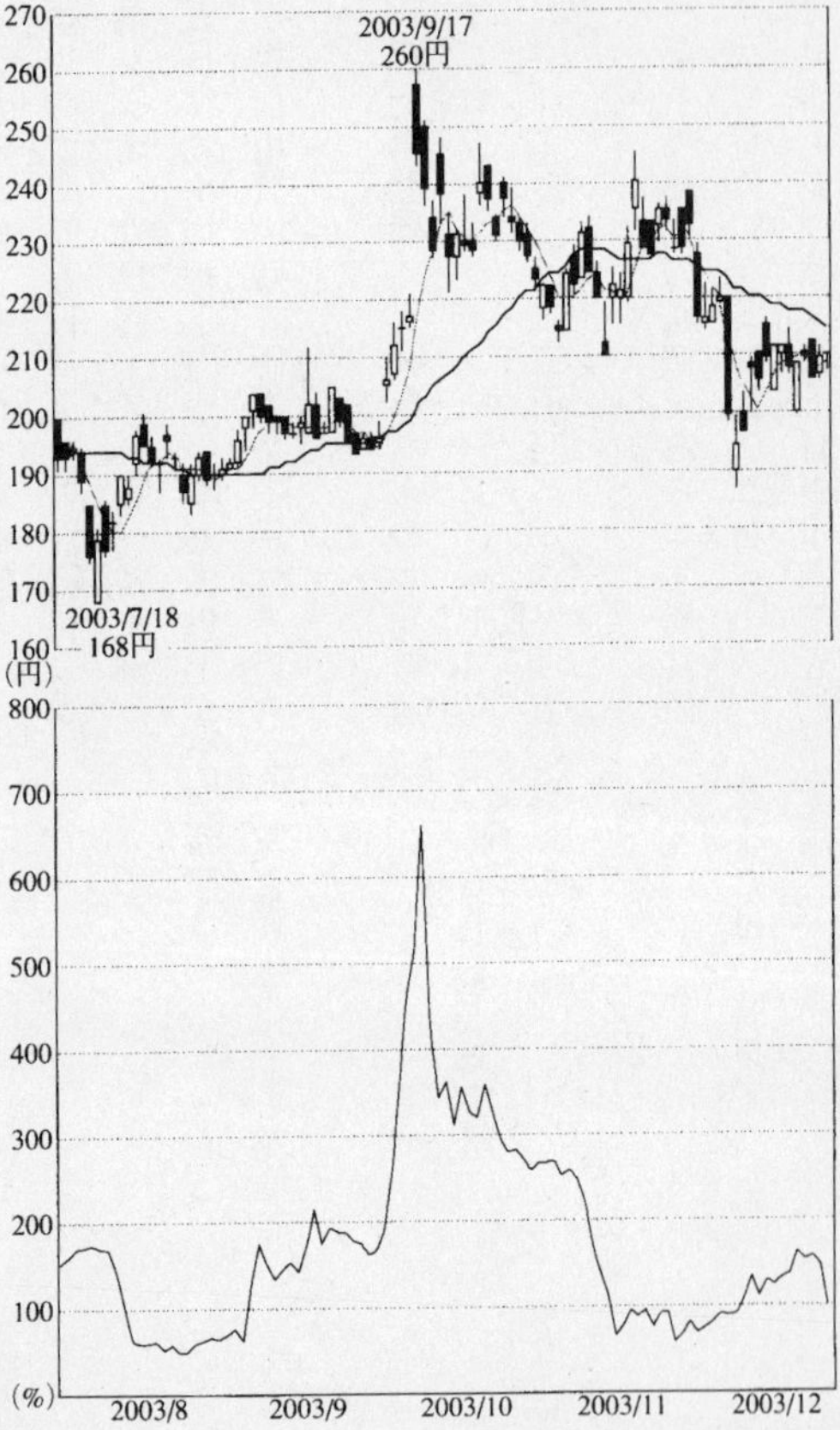

セイコーエプソンの日足とボリュームレシオ
(2003年7月〜2003年12月)

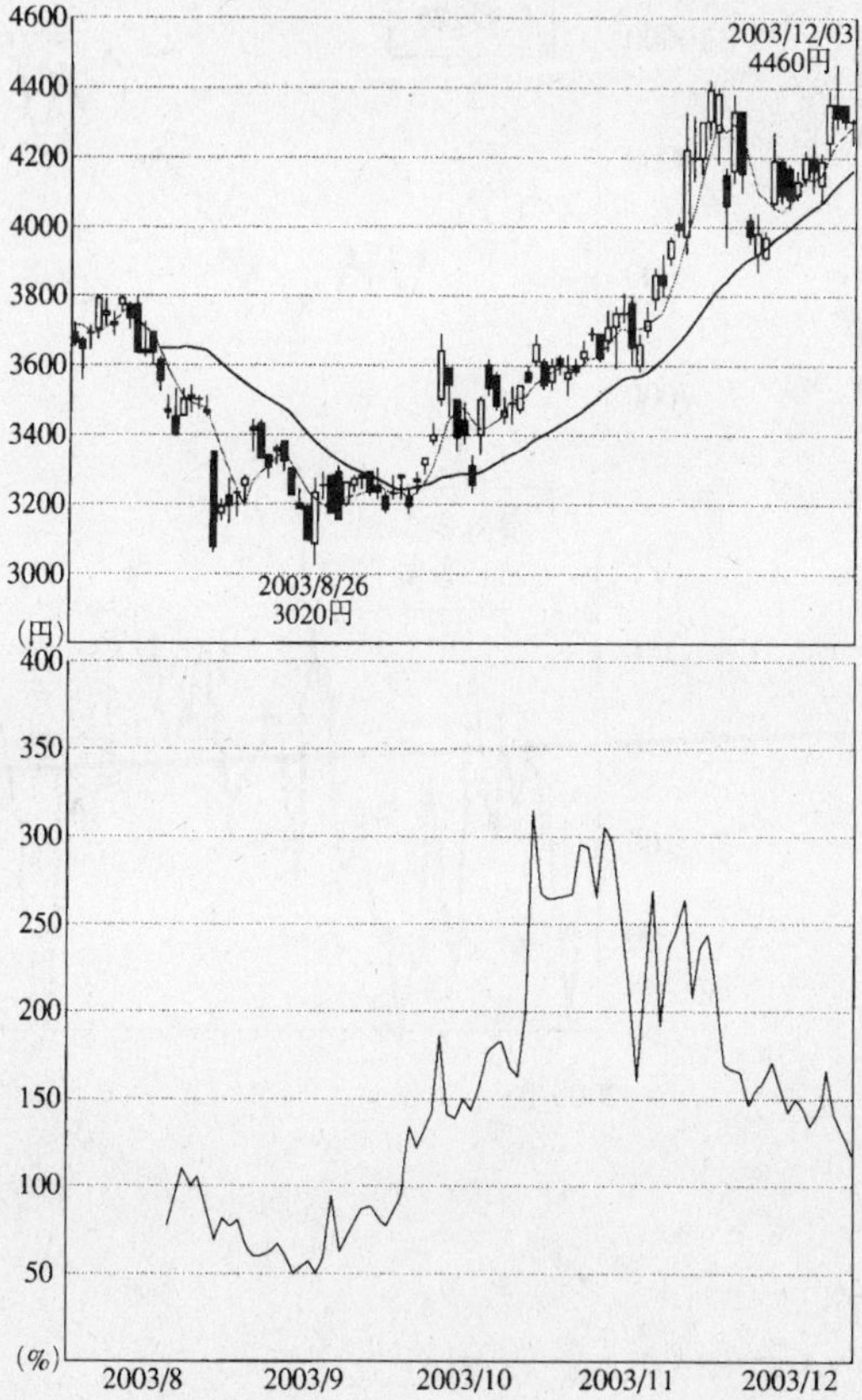

異常値の時は深追いをしない

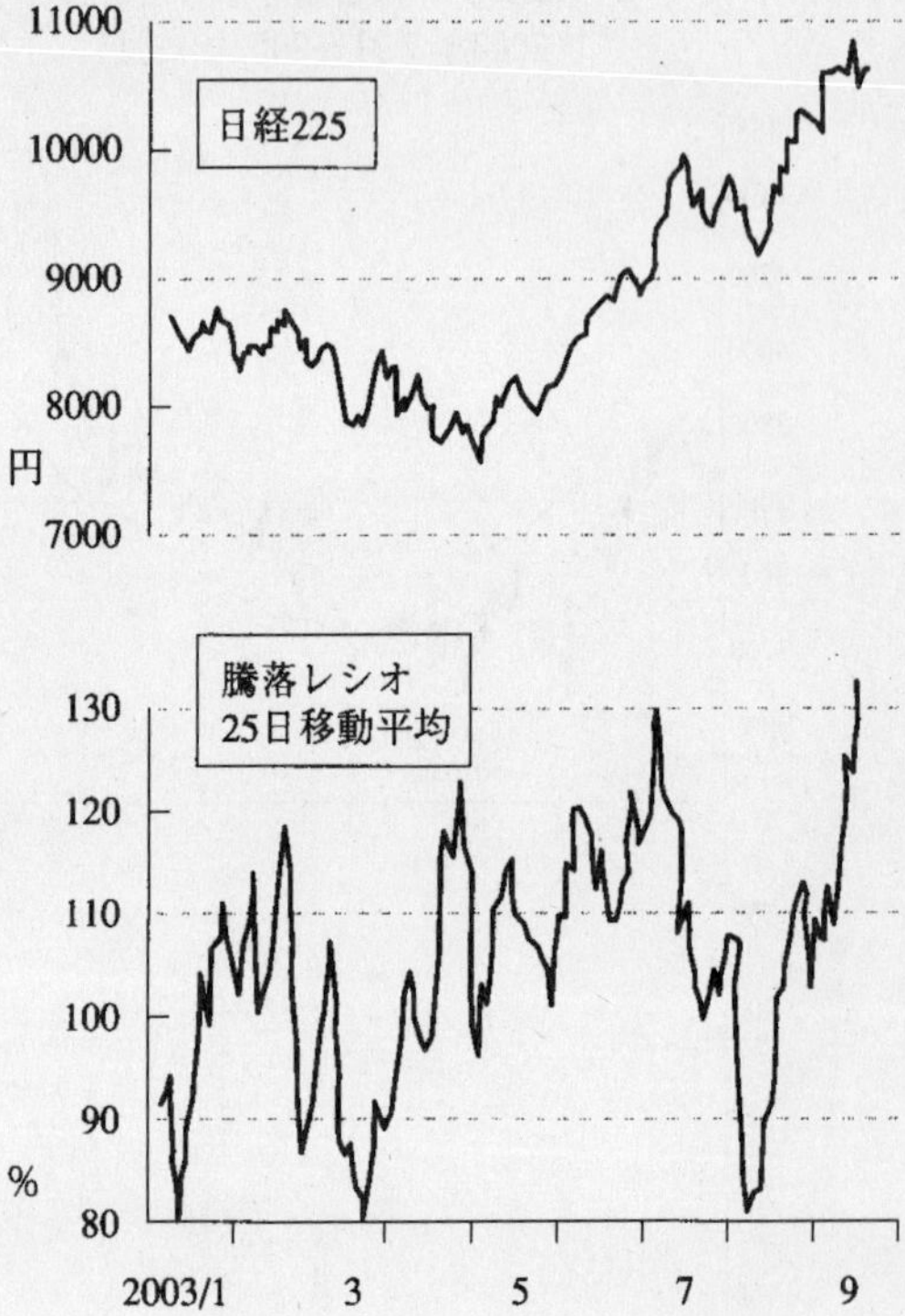

新兵器は使ったほうが勝ち

縁あって武道の師範をされている方の講演を聞く機会があった。その時に講師の方が「人間は新しい技・武器を持つと試したくなる。特に相手がその技や武器を知らないと面白いほど簡単に仕留めることができるので、ついつい使ってしまう」といったことを話された。

筆者は話を聞きながら、思わず膝を打ってしまった。筆者自身に武道の心得はないが、中学・高校と野球部に所属していた。野球も全く同じで、相手が知らない変化球を投げる投手はそう簡単に打たれない。また相手が知らない新しい牽制プレーでランナーを誘い出してアウトにすることは、一回だけなら簡単に決まる。見方によっては卑怯な感じもするが、ルールの範囲内であれば新しいプレーでアウトにしたほうが勝ちで、知らずにアウトにされたほうが負けである。これは投資の世界でも同様である。「インサイダー取引」や「風説の流布」など法令違反行為は反則だが、市場で定められたルールの範囲内で新しい取引手法をあみ出して利益をあげることは問題ない。「新しい取引手法を知らずに利益を持っていかれるほうが悪い」ということになる。

東京株式市場でも、「裁定取引（割安なAを買うと同時に割高なBを売っておき、AB両者の価格差に変化が起きて割高割安が解消された時に清算する取引手法）」が海外投資家によって持ち込まれた当初は、市場で何が起きているのかが理解できないうちに利益を持っていかれた国内投資家が多かった。

またインデックス投資の手法があまり一般化していなかった一九八〇年代後半には、日経二二五先物またはコールオプションを大量に買っておいてから「品薄二二五銘柄（日経二二五採用銘柄のうち比較的少ない商いで株価が大きく振れやすい小型株のこと）」だけにまとまった買いを入れて日経二二五を上昇させたところで、先物ないしコールオプションを売り抜ける手法を持ち込んだ海外投資家もいた。

今となっては陳腐化した手法かもしれないが、当時の国内投資家ならびに国内証券会社はその仕組みをよく理解していなかった。日経二二五がどんどん上昇することで浮かれていたが、気がついたら利益を持っていかれ、高値で掴んだ品薄二二五銘柄だけが手もとに残り、結果的に大損をした国内勢はかなりいた。

別に海外勢が卑怯だったわけではなく、「市場ルールを遵守しながら新兵器を日本で試してみたら、たまたま知らない相手ばかりだったので面白いように儲かった」だけのことである。知らなかった日本勢が悪かったということにすぎない。初公開の最新兵器を相手に使われてしまった場合、大きな損害を被ることは防ぎようがない。

しかし何度も同じ兵器でやられてはあまりにも能がない。自分が新しい手法（兵器）を使うことはしなくても、相手に使われても耐えられるように、どんな手法があるかを多少知っておくことは必要である。

しかしながら最新の手法を学ぶことは一般投資家にとってなかなか難しい。というのは「わかりやすい解説書」などが存在しないため、勉強の教材として手頃なものが入手できないからだ。

現実的な対応としては、「日経新聞の記事に注意すること」と「著名なマネー雑誌を定期的に読む」といった程度でよい。それ以上の対策を立ててもやられてしまう時は、「かなり対策を積んだプロも一緒にやられているので仕方がない」と割り切ったほうがよい。

第四章◆危機回避のために最低限守るべきこと

損切りをできない人は株をやるな

38

Q 買値100万円のNTT株が70万円になったら

A 「じっと我慢する」と答えた人は最悪。「損切りのため、ただちに売却する」と答えた人はボーダーライン。「一〇〇万円で買った株が八〇万円まで下がったら、諦めて売却するので、七〇万円まで下がることなどない」と答えた人は合格。

人間は未来のことなど何もわからない。「株価はもう少し戻るだろう」「明日は高いはず」といった希望的観測が当たるのはよくて五〇%。当初の見通しが外れているような時は、直感も冴えないので当たる確率はもっと低い。

今なら三〇万円の損だが、明日には三五万円の損に膨らんでもっと苦しむかもしれない。相場は意地悪なので、売らずに放っておくと、裏目に出やすい。

自分が決めた損切りラインに株価が達したら、迷わず切るべし。これができない人は、五〇〇〇円で買った富士通株を三〇〇〇円まで持ち続ける可能性が大。「一〇%で切る」か「二〇%で切るか」などの「損切り基準」は各自の好みでよいが、自分で決めたことすら守れないようでは、株式投資で勝者になるのは難しい。

よいかヒロシ
人間はガマンが肝心
ハイ
いいえガマンじゃ
ありません
うちの父はじっとガマンして
5000円で買った富士通株を300円まで持ち続けて
大損!!

自分が決めた損切りラインは厳守する

39

Q 売買高が多い銘柄と少ない銘柄のどちらがいい

A 「少ないほうがいい。少しの売買で株価が大きく動く」と答えた人は、ギャンブラー的性格の持ち主。大きく儲けそうだが、いざというときになかなか手仕舞いができずに困ってしまうタイプ。

「多いほうがよい」と答えた人は、投資家として無難な選択である。人間は未来のことなど事前にわからない。だから見通しはよく外す。これを防ぐことは、超能力者以外無理である。「外れることもよくあるので、外れた時は速やかに損切りをする」と割り切るしかない。

しかし損切ろうとした時に、板が薄い銘柄だとなかなか処分ができない。処分が遅れれば、損失拡大の懸念もある。いつでもある程度の売買高が期待できる銘柄を選んで手がけたほうがよい。

なお日経二二五採用銘柄であれば、毎月第二金曜日にやってくる「SQ（特別清算指数）算出日」の寄り付きで売買高が膨らむ。SQ算出日の寄り付きは、日経二二五採用銘柄を目立たずに処分できるタイミングでもある。

いつでも売買できる銘柄を手がけるべし

40

Q 倒産危険性をどう判断するか

A 「株価水準が低い」というのは一理ある。いくらなら危険という明確な基準はないが、米国では「一ドル以下の銘柄」＝「上場に値しない銘柄」とみる傾向がある。ドル相場は変動するが、とりあえず日本株でも「株価が一ドル以下の銘柄」は避けて投資したほうが無難である。

「無配株」も確かに危ない。株主総会で「残念ながら無配です。申し訳ございません」と言うのは、経営者にとって嫌なことである。「できれば配当をしたい」と思っている。それでも配当できないのは、やっぱり経営が苦しいためである。

基本的には「無配株」は投資リストから外してよい。機関投資家の場合、「無配株への投資禁止」という内規を設けているケースも多い。ただし「無配」から「復配」になる時は、株価が大幅に上昇しやすい。「現在無配でも、次の決算期に復配する見通し」の銘柄は、逆によい投資対象になりやすい。

「利益剰余金がマイナスの銘柄」も危ない。「これまで積み上げた利益がない状態」なので、銀行に切り捨てられるとあっさり経営破たんしてしまう。

「株価1ドル以下」「無配」「利益剰余金マイナス」の銘柄は避ける

41

自社株偏重は地獄への道

Q 自社株購入を上司に奨められたが

A 全く買わないと出世に不利なので、少しは買ったほうがよい。しかし投資金額に上限は設定すべきである。民間企業である限り、たとえ大企業であっても倒産することはある。自分が勤める会社が倒産すれば、保有していた自社株も紙屑になることを忘れてはいけない。

「生活費を支給してもらう会社」と「資金の運用先となる会社」は分散したほうが安全である。自分の勤めている会社が倒産しても、別の会社に投資しておけば、それほど困ることはない。もし「会社が倒産して給料はもらえない、投資していた株式も紙屑化した」では窮地に追い込まれる。「給料を貰う会社」と「将来の投資をする会社」は分けるべし。

ところで人員削減などのリストラ策で会社を辞める場合には、逆に自社株を買うのは悪くない。もう自分はその会社から給料をもらえなくても、リストラによって企業業績が回復すれば株価も上がる。割増退職金で自社株を買っておけば、リストラ後も残った人たちに働いてもらいながら、その果実を株価上昇という形で手にできる。

「給料を貰う会社」と「資金の運用先」は分けておく

42

Q あなたは「現金比率何%」が多いか

A 「ほぼゼロ%で、いつも目一杯株式を買う」と答えた人は、うまくいった時は大儲けするが、実は大ケガも多い。うまく買ったつもりでも見通しを外してしまうことはある。「次の買い」を入れられるように、ある程度現金を残しておきたい。「現金比率は一〇〇%に近いことが多い」と答えた人には二タイプある。「ほとんど株式を買わないから一〇〇%に近い」という人は、今のところあまり株式に縁がない。「株式を買ってもその日のうちに手仕舞いをするので、結果的に現金比率一〇〇%で一五時の大引けを迎える」という人は、今のやり方（超短期売買）で成果が出ていれば問題なし。ただし成果が芳しくない時は、売買手法の変更を考えるべきである。「株式をかなり買っても現金比率は五〇%ぐらい」と答えた人は、投資家として成功する確率が高い。あまり現金ばかりにして待っていてはチャンスを逃がしてしまうし、そうかといって気前良く手持ち資金全額を株式に投じてしまうとその後下がった時に対処できない。「株価が上昇するか下落するか」など誰も事前にわからない。いくら自信があっても、後で対応可能なように、常に一定以上の現金は残しておきたい。

次の手が打てるだけの現金を手もとに残す

43

Q 信用取引で注意すべき点は？

A 信用取引では「売り」だけに限定すべきである。「信用取引」は保有金額以上の売買ができるので、儲けも大きいが、損も大きい。このためリスク管理が重要である。投資に絶対はないので、自分の支払能力を超える取引をしてはいけない。こんなことは子供でもわかる。しかし信用取引をしていると、これを忘れてしまいがちである。株価が下がると思った時に「信用取引で売る」という行為は間違いではない。現金と株券等を担保として供出しているので、仮に信用で売った銘柄の株価が上昇してしまっても、何とか対処できる。場合によっては「信用売り」は損をしても、「担保の株券」は相場全体の流れに乗って上昇して、結果的にそちらの儲けが大きくて差引プラスということもなくはない。

しかし「信用買い」は危ない。もし株式を買いたければ現金で買えばよい（現物買いをすればよい)。しかし現金不足でそれができないから、現金と株券等を担保にして信用取引で買う。本当の金持ちなら、わざわざ金利まで負担して信用買いなどしない。信用買いをするのは「これ以上現金を出せない貧乏人」だけである。貧乏人しか参加しない取引など、最初から腐っており、儲けるのは難しい。「相場は金持ちが勝ち、貧乏人が負ける」というのは古今東西の経験則でかなりハッキリしている。なお筆者が先ほどから繰り返している「貧乏人」という表現は、「単純にお金がない」という意味だけでなく「余裕や余力に欠ける投資家」という意味でもある。

なお「最悪の信用買い」は二階建てと呼ばれる取引で、現物で買っている銘柄を担保に信用取引で同じ銘柄を買い建てすることである。これは儲かれば大きいが、やられる時はダブルパンチである。万一その会社が潰れて紙屑になると、担保は紙屑になったうえに「信用買いの損失」が降りかかる。もともと現金が足りないので、現物買いではなく「信用買い」をしていた投資家にとっては、この損失清算は厳しい。

「信用取引」は「売り」のみにすべき

信用取引は長引いたら負け

44

Q 信用取引の投資期間はどのぐらいがよいか

A 証券会社によっては期間が延長できるところもあるが、原則として六カ月が最長である。しかし六カ月ギリギリまで粘っても儲かることは少ない。もともと「信用取引の買い」は現金だけでは買えない投資家が、担保に見合った分まで金利を払って売買している。つまり借金をして買っていることと同じなので、長期間持ち続けることが投資目的ではない。だから「長引くことイコール負け」である。

筆者の経験則では、玉を建ててから一カ月以上経過してもうまく利食いできない時は、六カ月間粘っても、儲からないことのほうが圧倒的に多い。長引けば金利の支払いもバカにならない。どうせ負けるのであれば、六カ月よりも一カ月で見切ったほうが、金利負担は六分の一で済む。それに次の売買で利益獲得を狙ったほうが、引かれ玉をずっと持ち続けるよりも有利である。

信用買いは1カ月たったら、いったん手仕舞う

信用取引は
太平洋戦争における日本軍じゃ
長引くことイコール負け
どーゆーこと？

長期的下落を見込んで売り建てした場合はともかく、少なくとも「信用買い」については最長一カ月と最初から自主的に期限を設定したほうがよい。

「一カ月で儲からない場合はいったん切って、次の銘柄で勝負する」と決めてしまえば、さんざん粘って大負けという最悪の事態を避けることができる。なお一カ月たって儲かっている時も、いったん利食いをする。もっと儲かりそうだと思えば、再度一カ月を最長期限として信用取引をやり直せばよい。

45

Q「塩漬け状態」を避けるためには何をすべきか

A 取得価格から一定のパーセント以上下げたら、無条件で損切りを実行したい。しかしこれはほとんどの投資家が実行している。むしろ「損切りを実行するほど下げずに中途半端な下げのまま長期間音無しになってしまう銘柄」のほうがある意味では性質が悪い。これを防ぐためには、年に一度全保有銘柄を現金化するに限る。

機関投資家の場合は、人事異動で運用担当者が交代する際に、大半の組み入れ銘柄をいったん現金化してしまうケースもある。自分が選んで買った銘柄の場合、いろいろな思い入れがあって、なかなか処分できない人が多い。しかし自分の前任者が買った銘柄であれば、大胆に処分することはそれほど難しくない。

個人投資家の場合は、自分という運用担当者を交代させるわけにいかないので、年に一度は全部現金化するようにしたい。いったん全部現金にすれば新鮮な気持ちで売買に臨むことができる。何年も塩漬けになるケースを未然に防ぐ有効なやり方である。

また現金化する日時を毎年固定すれば、「いつ現金化をはかるか」といったことで悩まずに済むし、毎年の運用成績を比較する際も、わかりやすい。

塩漬け状態を避けるために
株券
年に一度全株現金化
迷わないように
毎年同じ日に
12月25日
12
プラスだったら
その分はサンタさんからのプレゼント
プラスだったらね…

年に一度は全部現金化して、全く新しい気持ちで再出発を

46

わからない時は現金化

Q プラス材料かマイナス材料かわからない時は?

A 「チャンスとみて、とにかく買う」と答えた人は、自己売買部門のディーラー向き。慎重に見送る人よりは短期売買に向いている。ただし思惑通りにいかない時に、すぐ「手仕舞い」もしくは「ドテン(買っていた銘柄を売却するだけでなく、逆に信用売りすること)」ができることは必要不可欠。

「売買手数料がもったいないので何もせず、買ったままにしておく」と答えた人は、株式投資に向かない。売買手数料は「儲けるための税金」と割り切るべし。売買手数料をケチって放置しておくと、思わぬ大損をすることが多い。

「わからない時はとにかく全部売って現金にする」と答えた人は賢い投資家。現金にさえしておけば、いつでも次の手が打てる。投資家は得意な局面で儲ければよいので、自分が不得手な局面になったら、無理せず現金にして様子をみるのが正解。困った時にさっさと現金化できる投資家であれば、「三〇〇万円で買ったNTT株」を五〇万円以下になるまでずっと放置しておくような大失敗はしない。

不得手な局面になったら現金にして様子をみる

47

Q 苦しい時はどうするか

A 買った銘柄が下がった場合は、損切りをするか、下がったところで買い足して買いコストを引き下げるかのどちらかである。行き当たりばったりで対応すると失敗しやすいので、あらかじめ決めておく。

例えば、銘柄Aを最初に五〇〇円で二〇〇〇株買った時に、「四八〇円まで下げたらさらに三〇〇〇株買う。しかし四六〇円まで下げた時は最初に買った二〇〇〇株と追加で買った三〇〇〇株を合わせた五〇〇〇株全部を売って手仕舞う」といった具合である。逆にカラ売りした時も同じである。銘柄Bを最初に五〇〇円で二〇〇〇株売った時に、「五二〇円まで上げたらさらに三〇〇〇株売る。しかし五五〇円まで上げた時は最初に売った二〇〇〇株と追加で売った三〇〇〇株を合わせて五〇〇〇株全部を買い戻して手仕舞う」といったようにする。

数を事前に決めておくこと。うまくいかない時は、「売買のリズムが崩れている」「やり方が根本的に誤っている」「たまたま運がない」などの理由が考えられる。しかし放っておいても解決しないので、とにかくポジションを落とし（五〇〇〇株を二〇〇〇株に減らすだけでも負担は減る）被害を軽減したい。

ただし処分売りをしようとしても「売り気配で売れない」、買い戻そうとしても「買い気配で買い戻せない」といったケースもある。こんな時は似たような銘柄をとりあえず売買して凌ぐ。例えば日立株を保有している時に日立の悪材料が出て、株価が「ストップ安売り気配」になった場合、日立株を売って手仕舞いできない。こんな時は「日立」に似た値動きをする銘柄をとりあえず売って、「日立株の値下がりによる被害拡大を少しでも軽減するテクニック」は、プロの運用担当者がよく使う。別銘柄でも差し引きのポジションを小さくしておけば、被害は大きくならない。

苦しい時はとにかくポジションを小さくしておく

「買い下がり」「売り上がり」をする時は、あらかじめ回数とポジションの合計株

48

Q 実際の売買の前に準備すべきことは

A まず証券会社の取引口座を作る。また注文がいつでも出せるように、ある程度の現金を証券会社に振り込んでおく。なおネット証券を利用する場合は、インターネットでいつでも発注できるように、通信環境を整備しておく。以上の準備が済んでいれば、発注は可能である。次に自分の最大投資金額と、一取引あたりの損失許容金額も決めておく。また売買する銘柄を決める。なお発注する際には、「うまくいって利食う場合の目標株価」と「うまくいかなかった場合に逃げ出す時の株価」を決めてから発注する。以上を守れば、大損など滅多にしない。

なお「株式売買ゲーム」「株式売買シミュレーション」については、やってもやらなくてもよい。「画面を見ながらのシミュレーションだけで自動車の運転が上達しない」のと同じで、いくらシミュレーションゲームを体験しても緊張感に欠けるので、あまり役立たない。ゲームの中で一億円売買するよりも、実際に自分のポケットマネーで一〇〇万円を売買するほうがはるかに役立つ。

よく株式評論家や証券アナリストが立派なことをコメントしているが、彼らは自分でポジションを持っていないから何とでも言える。確かに彼らはよく勉強しているかもしれないが、実際にディーラーやファンドマネジャーをやらせてみると、アナリストの時とは別人で、運用成績がさっぱりということは少なくない。「調査分析は一流、でも売買は三流」というのは、「ポジションを持っていても的確な分析・判断ができる人」は少ないためである。人間は弱い生き物なので、ポジションを持ちながら冷静な判断をするのはなかなか難しい。しかしある程度訓練で鍛えることはできる。したがって遊びのゲームを一〇〇回繰り返すことよりも、実際にポジションを持ちながら売買することを一回体験するほうが、訓練の質は高い。

100回の練習よりも1回の実戦

食い逃げ新規上場もある

上場して株式を公開すれば、資本市場からの資金調達が可能になること以外にも、様々なメリットがある。上場企業というだけでも無条件で信用してくれる取引先が増える。知名度がアップすれば社員の新規採用も楽になる。銀行の融資姿勢も甘くなる。新聞の株式欄に毎日社名が掲載されるだけでも、十分な宣伝になる。しかも掲載料金は無料である。こんな安上がりな広告はない。

上場すれば社長は周囲から一目置かれ、経営者団体などの要職へ就任を要請されることもある。東京や大阪ではそれほどでもないだろうが、地方では上場企業の数が少ないので、上場企業の社長ならばまず間違いなく地方の名士として崇められる。社長の名誉欲も満たされることになろう。

それに新規上場となれば、保有株式の市場価格は取得価格の何倍以上にも膨れ上がるのが普通である。古くから会社を支えてきてくれた株主に報いることにもなる。新規上場に際してオーナーの保有株式を大量に放出すれば、合法的に巨額の資金がオーナーの懐に入る。

証券会社としては、取引先が上場してくれれば、新規上場の際に引受手数料や販売手数料などが入る。IRについて様々な提案をして、IRコンサルティング料を得ることもできる。また引き受けた株式を自社の顧客（投資家）に販売しておけば、投資家が将来売却する際にも売買手数料が入る。さらに「新規上場で巨額の資金を得た企業自身やオーナー」に、株式や投資信託などの金融商品を買ってもらうことも期待できる。したがって証券会社にとっても、取引先の新規上場は美味しい。

この美味しい話を実現するため、証券会社は「オーナーの相続税対策」として新規上場を奨めるケースも多い。非上場企業の株式では、相続が発生した際に納税のための換金が困難である。しかし上場企業の株式であれば、相続が発生しても対応しやすい。またオーナーの家族が大株主であれば、新規上場時にオーナーの家族が巨額の現金を手にして、将来の相続税支払いに備えることもできる。

このため、オーナーの相続税対策で新規上場をするケースが少なくない。「相続税対策での上場」といった裏事情を理解せずに、高めに設定された公募価格に飛びついてしまった投資家こそ「いい面の皮」である。しかし「投資結果は自己責任なので、公募株式を買った本人が悪い」と言われれば否定はできない。「創業者一家の合法的な食い逃げ」にまんまと引っ掛かっても、誰ひとりとして助けてはくれないのが、資本主義の厳しいところである。

このような失敗を繰り返さないようにするためには、新規上場株を購入する際に「創業者オーナーの年齢」にも注意を払い、「相続税対策のための新規上場かどうか」を投資家自身で推察する必要がある。

第五章◆知っておいて損はない知識と知恵

49

Q 初めて見るような変わった形状の株価チャートは、投資のチャンスか？

A チャート解説本やマネー雑誌にも掲載されていないような、珍しい形状の株価チャートに出会った時、好奇心旺盛な投資家であれば、あれこれと考えてみたくなるだろう。深く掘り下げて研究したくなるかもしれない。この「熟考してみたい」「もっと深く研究してみたい」という気持ちや姿勢は大切である。もしかしたら、誰も気づいていない新手法や秘法を自分のものに、それも当初は自分だけのものにできるかもしれない。

しかし現実は甘くない。長い歴史をかけて、多くの投資家や市場関係者や研究者が様々なチャートを開発してきており、誰も気づいていない新しいチャート技法を見い出すのはそう簡単なことではない。今までに「最新式チャート」を考案した人が、読者に何名いらっしゃるだろうか？　おそらく一％にも満たないと思う。新しい分析術を生み出すことは、かなり大変なことである。

過去に類似局面がない形状のチャートをもとに先行きを見通すことも、新しい分析術を作り出すことと変わらないくらい大変な作業だろう。チャート分析において、前例のないパターンを判断することはとても難しい。それよりは、すでに知られている手法を使うほうが容易である。つまりチャート解説本やマネー雑誌に頻繁に掲載されている「典型的なチャート」、それも教科書の例題に出てくるような「お決まりのパターンを示すチャート」を素直に判断するほうが、ハズレは少ない。

もし「教科書にそのまま使えるような、典型的な形状をした株価チャート」に出会ったら、「当たり前すぎてつまらない」などと思わず、「セオリー通りに判断して素直に儲けよう」と考えて行動したほうが得である。典型的なチャートこそが「癖のない美しいチャート」であり、無理なく儲けるチャンスを与えてくれるチャートと言える。

教科書に使えるような典型的チャートこそが、儲けるチャンス

50

Q 損切り基準は、値幅か率だけを考えればOKか？

A 一般的に損切りと言えば、「値幅でいくら損したら手仕舞い」とか「率で何％以上負けたら撤退」などのように、価格や金額で考え人が多い。それは間違いではない。自分が許容できない金額以上の損失を防ぐためには、値幅あるいは率による損切り基準設定は欠かせない。

ところで、買ってから大きく値下がりした銘柄を一〇〇年間ずっと保有し続けて、結果的に買値を上回ることができても、その投資は成功といえるだろうか？ 数字の上で一〇〇年後に運用益が計上できても、喜べる個人投資家はめったにいないと思う。

宗教法人や慈善団体が一〇〇年後あるいは二〇〇年後の活動費まで考えて超長期運用をしているとしたら、一〇〇年後の運用益であってもうれしいだろう。だが個人投資家の場合は、今から一〇〇年後も生き続けている人は多くない。今後医学の進歩で人間の平均寿命は大きく伸びるかもしれないが、簡単に平均寿命が一五〇歳や二〇〇歳になるとも思えない。人間の一生は時間的に限られている。個人投資家にとって限られた時間は大切な資源でもある。

時間に対する感覚には個人差もある。五年間を短く感じる人もいれば、三日間を長く感じる人もいるかもしれない。したがって「保有期間を何年間に限定すべき」とか「何日間以上保有するな」といった決めごとは、投資家ごとに異なってかまわない。各自が自分自身で納得できる期限まで勝負することはＯＫである。

ただし「あらかじめ自分自身で決めた期限」が到来したら、「時間も財産」と考えていったん手仕舞うようにすれば、際限なく時間を浪費してしまう愚を避けることが可能になる。

時間も貴重な財産。一定期間保有し続けても儲からない場合は、いったん手仕舞え

51

Q 利食いするほど儲からず、損切りするほどでもない銘柄が、増えている場合は？

A 株価が損切り設定基準まで下げていないと、損切りせずに保有し続けるケースが大半だと思う。それはそれで悪くないが、同じパターンの銘柄が増えていくと、結果的に「身動きがとれない状態」になりかねない。大きく損をしているわけではないのに、心理的には追い込まれたような感じになり、精神衛生上良くない。

これを防ぐためには、「塩漬けしてもよい銘柄数」を決めてしまうに限る。もちろん「事前に決めた損切り基準に達した銘柄」は例外なく処分しなければいけない。「自分の損切り基準に達していないが儲かっていない銘柄、少しだけ利益になっているが当初の株価目標に達していない銘柄、自分で考えていた保有期限に達したものの痛みを感じない程度に少しだけ損をしている銘柄」などについては何銘柄まで認める、と決めてしまえばよい。

もし「三銘柄まで」と決めたら、四銘柄以上塩漬けにしてはいけない。これを守らないとキリがなくなり、結局塩漬け銘柄が増えてしまう。四銘柄目の塩漬け状態が発生したら、最もパフォーマンスの悪い銘柄を、ただちに処分することが肝要である。

多くの投資家は、最も痛みの小さな銘柄を手仕舞って、痛みの大きい銘柄を手もとに残したがる。しかしそれは間違った投資手法であり、より悪い銘柄が手もとに残ってしまう。あえて一番損している銘柄を処分することで、「塩漬け銘柄」の中で「比較的マシな銘柄」を残すようにすれば、少ないながらも回復の望みは残る。

また「塩漬け銘柄数」を決めてしまうことで、余計なことを考える手間も省ける。塩漬け状態の銘柄が一定数に達すれば、自動的に最も苦戦している銘柄を機械的に選んで捨てるだけなので、判断ミスなども生じない。損切りや塩漬け解除のコツは、あれこれ考えず、機械的かつ強制的に実行することである。

塩漬けの銘柄が事前に決めた数に達したら、悪いものから迷わず処分せよ

Q 信用買い建てで利食えていない銘柄は、現引きすべきか？

52

A 信用買いを仕掛けた段階で、「信用金利を負担してでも勝負→時間の経過とともに金利の支払額が増加→なるべく時間をかけずに勝負すべき」ということは、わかっているはず。つまり「信用買い＝短期勝負」ということで、仕掛けている。

それにもかかわらず、しばらく経って「儲かっていないから現引きしよう」と考えることは、「短期勝負でスタートした買い」を「長期勝負の買い」に延長することになる。これは「不本意ながら長期投資に切り替え」というパターンであり、お奨めできない。

「一〇〇メートル走だから最初から全力で走れ」と言われて走り始め、スタートから一〇〇メートルの地点に到達した段階で、「実は三〇〇〇メートル走に切り替えたから、残り二九〇〇メートルも頑張って走り切ってくれ」と言われた時のことを、考えてみよう。多くの人は「冗談じゃない、そんな余力は残ってない」「最初から三〇〇メートル走と言って欲しい」「一〇〇メートル走と三〇〇メートル走ではペース配分が違うに決まっている」などと思うに違いない。

「金利のかかる信用買い」を「金利のかからない現物買い」に変更することは、悪くない。しかし「短期勝負の建て玉」を「長期戦」に切り替えることは、不自然なことで、良い結果になりづらい。短距離走は短距離走らしく、長距離走は長距離走らしく走るのが自然である。株式投資でも、「短期勝負なら短期で」「長期勝負ならじっくりと」売買すべきである。

「短期のつもりで始めたが、結果的にズルズルと長期塩漬けになってしまった」というパターンは、金額的な損失だけでなく、人生の貴重な時間を無駄遣いすることにもなり、別の投資機会を失うという損害も発生する。短期売買は短期売買らしく、長引かないうちに決着をつけなければいけない。

短期目的で仕掛けたら、短期で手仕舞うべし

53

Q 新規公開株で妙味があるケースは?

A 新規公開株投資を避けたほうが賢明なケースを消去法で考えてみよう。「将来性に乏しい業種や会社」「社長が頼りなさそうな会社」「創業者オーナーまたは経営トップが高齢で、相続税対策のための新規上場がみえみえの会社」「独自性がなく、競争が厳しい状態にあるか、他社の参入が容易なビジネス」は、なるべく避けたい。

新規公開、つまり「上場企業の一年生になる会社」にもかかわらず、将来性や成長力がない銘柄については、株価上昇を期待するほうが無理だろう。新規公開銘柄にもかかわらず、ある程度の夢が描けなければ、「好ましい投資対象」とは言えない。ただし将来性が乏しくても、一定規模以上の会社であれば、時価総額も大きくなるので、インデックス(指数)買いが期待できる。新規公開企業で一定規模以上の大きさならば、インデックス買いをあてにし、インデックス採用前に買っておく手はある。

普通の会社にとって、新規公開は歴史的な大事業である。ただし新規公開が事業のゴールではない。株式公開は非公開企業としてのゴールかもしれないが、上場企業としてスタート台に立ち、次の目標に向って進んでいく。その大事な時に、リーダーシップを発揮できない社長、株主から信頼を得られそうもない社長がいては、会社の先行きは明るくない。直感的に「この社長は駄目そう」「この社長は信用できない」と思ったら、別の投資先を探そう。

非公開企業のままオーナー経営者に相続が発生すると、相続税納付が大変なので、相続税対策で新規公開を目指す経営者も少なくない。オーナーやトップが若くない新規公開銘柄は、「相続税対策上場ではないか」と疑ったほうが無難である。

新規公開は若さか大きさか独自性を見よ

他社の参入が容易なビジネスは、大きな利益をあげにくく、株価も上昇しづらい。どうせなら、ライバルの少ない企業を狙ったほうが、投資は成功しやすい。ライバル不在の独占企業ならば、価格決定権を握っているため、収益力は高い。

54

Q 不祥事を起こして下げた会社の株価は狙い目か?

A 不祥事が発覚すれば、不祥事の内容にもよるが、株価は下がることが多い。下がったところで「買うべきか、見送るべきか、あるいはカラ売りをすべきか」と悩む投資家は少なくあるまい。

まず考慮すべきは、その企業にとって業務の本質にかかわる不祥事かどうかが、重要な判断材料になる。

例えば、食品メーカーが「食中毒になる恐れのある製品を出荷し続けていた」、医薬品メーカーが「副作用で死にいたる可能性の大きい薬を販売していた」などの場合は、ほとんどの人が「その食品メーカーの製品は口にしない」「その薬品メーカーの薬は使わない」と考えるだろう。このようなケースでは、当該企業の業績回復を望みづらく、株価の先行きも厳しい。

しかし「某メーカーの社員が会社のカネを使い込んだ」とか「流通業の幹部がセクハラ問題で辞任した」といったケースであれば、会社のイメージダウンは多少あっても、その会社の売上高が下落し続けたり、会社の存亡にかかわる経営危機にまではなりづらい。たとえ株価が下がっても、一時的な現象で済む公算が大と考えられる。

投資家としては、「その会社の業務そのものを否定するような不祥事ならば売り」「経営者や社員の個人的な失態にすぎず、その会社全体を否定するほどの問題でなければ継続保有」という考え方で対処したい。

なお「業務の根幹にかかわる不祥事」であっても、信用売り残高だけが積み上がってしまう場合は「買い戻し期待で株価上昇」ということも起きる。念のため、信用取り組みもチェックしておいたほうがよい。

業務の根幹にかかわる不祥事かどうかで判断する

55

Q 何十冊もの本を読んでも、何十回もセミナーを聴講しても儲からないのだが？

A 「勉強熱心だから必ず儲かる」とは限らない。全く勉強しない人よりは勉強熱心な人のほうが、平均的には儲かっていると思う。しかし全く勉強せずに、どんどん儲けてしまう天才肌の人も数は少ないが存在する。この千人に一人、あるいは一万人に一人の天才を羨むだけでは投資上手にならないが、彼らの良いところは参考にしたい。

全く勉強しなくても儲けてしまう天才は、「あれこれと手を広げず、投資対象を絞って、いつも似たようなパターンで儲けている」ケースが多い。もともと勉強していないので、新しい投資対象を思いつきにくい。また最新の投資手法を知ろうともしないので、いつも似たような投資手法になってしまう。

しかしそれでも儲かってしまう。自分が自然にできてしまうスタイルのやり方なので、無理をしていない。結果的に理にかなった投資手法になっている。おまけに、いつも同じようなやり方を繰り返しているので、そのやり方だけは熟知してしまう。

天才と言われる投資家は、同じことしかやっていなかったりする。そのかわり、一般的な投資知識は意外に乏しいかもしれない。勉強しすぎて、あれもこれも中途半端に食い散らかして結局損し続けるより、同じことだけを繰り返して上手になり、儲かるほうが投資家としては正しい。勉強しすぎてやり方が決まらないうちは、まだ「負け組」。「勝ち組」はもう余計な勉強は不要で、今のやり方を繰り返すだけになっている。

なかなか儲からない人は「たった一つのチャートパターン」でも、あるいは「ファンダメンタル分析に基づくたった一つの銘柄抽出法」でもよいので、そのやり方だけをずっと繰り返すべきだ。いつも同じ銘柄だけを売買し、タイミングだけを計るようにするのも一法である。やることを大胆に絞り、繰り返したほうがチャンスは大きい。

やることを、思い切って一つか二つに絞る

56

Q 損切り価格は大台割れで設定するのがいいか？

A 損切りは「待ったなし」である。事前に決めた損切り価格に株価が達してしまったら、正しいも正しくないもなく、すみやかに損切りを実行するだけである。しかし、損切り価格の設定によっては、損害が軽微で済むこともあるし、損害が広がることもあり、工夫の余地がある。

まず最初に考えるべきは、「この銘柄で、あるいはこの売買で、ここまでの損失しか許せない」という最大損失許容額を定めることである。この「いくらまで損しても平気か」という感覚は人それぞれである。Aさんは一〇万円の損でも痛みが大きすぎるかもしれないし、Bさんは三〇〇万円の損でも大丈夫な富豪かもしれない。富豪かどうかに関係なく、感じる痛みは人によって異なる。最大損失許容金額は自分で決めるしかない。

いったん決めた最大損失許容金額を絶対に拡大してはいけない。縮小はかまわないが、拡大を認めてしまうと裏目に出た時悲惨な結果になりかねない。例外を認めてはいけない。最大損失許容金額さえ守れば長い目で致命的なケガを回避できるだろう。

もし最大損失許容金額に達してしまったら、指値注文ではなく成り行き注文で処分するしかない。しかしこのときに、株価が大台割れぴったりであったり、チャートの節目だとすると、他の投資家も「そこでギブアップしたい」と考えている場合が少なくない。自分が損切りの注文を出したら、同時に他の投資家もいっせいに損切り注文を出し、「売り気配」になってしまうこともある。

その結果、最大損失許容金額でギブアップをしたにもかかわらず、「最大損失許容金額＋売り気配で下がった分」と予定外の損失金額に膨らむことも少なくない。これを極力防ぐためには、「大台割れ」「チャートの節目」など他の投資家が設定しそうなポイントを避け、少しずらした水準を損切り価格に設定しておくなどの工夫が欲しい。

切りの良い数字は、他の投資家も損切り基準にしている可能性大

57

Q 立会時間内に何度も考え直しながら売買するのは得策か？

A 取引所が開いている時間内には、株価は刻々と変動していく。東証の現物株取引にとって朝九時のオープニングは、サッカーで言えば「キックオフ」のホイッスルと同じである。午前一一時の前引けは、サッカーの場合「前半終了のホイッスル」にあたる。午後一二時三〇分の後場オープニングは、「後半開始のキックオフ」、一五時の大引けは、「試合終了のホイッスル」になる。

サッカーの場合は、前半の途中でも後半の途中でも、審判が笛を吹けば、一時的に試合は止まる。ところが株取引は九時に始まったら一一時まで、一二時三〇分に始まったら一五時まで止まらない。昔は、大商いになって過熱しすぎた銘柄が発生すると、笛が吹かれて、その銘柄の売買をいったん整理してから、取引を再開した。これを「笛

吹き」呼んだり、当該銘柄を「笛吹き銘柄」などと呼んだ。これは場立ちが存在した頃の話である。今は場立ちもいなくなり、「笛吹き」など古語になってしまった。

取引所が開かれると、九時から一一時まで、一二時半から一五時までは、プレーが止まらないサッカーのようになってしまう。サッカーもじっくり考えるのは、「試合前」か「ハーフタイムの休憩中」であって、試合中は練習通りにプレーをするだけである。これならば、結果はともかくプレーに専念できる。

株式投資でも、方針や作戦を決めるのは、立会時間内ではなく、「立会時間が始まる前」か「昼休み」にすべきである。時間がある時に、自分の投資方針に沿って、様々なシミュレーションを考えれば、勘違いや見落としは減りやすい。しかしプレー中にあれこれと考えていては、プレー（売買）に集中できない。投資家は立会時間以外で、落ち着いてじっくりと考え、立会時間内は「あらかじめ決めた方針・作戦に沿って行動（売買する）だけ」にすれば、「勘違いや見落としによるミス」は減りやすい。

9時～15時は事前のプラン通りに行動する時間帯

58

Q 投資に関する作業時間を減らすには？

A まず完全主義を排することが大切。「神様でもない限り、投資でのパーフェクトゲームは不可能」と割り切らないと、泥沼に嵌《はま》る危険性が大きい。

「これだけは譲れない」というこだわりは必要だが、裏を返せば、それ以外はこだわりを捨ててしまうくらいでよい。そのこだわりが、「東証一部銘柄にしか投資しない」でも「無配株は投資対象外」でも「五％負けたら即損切り」でも「三日以上は保有しない」でもよい。自分さえ納得できれば、他人がどう考えようと、関係ない。

比較的簡単にできる方法がある。パソコンやネットを使い「自分の好みにあった特定条件の銘柄」を引っ張り出し、その銘柄だけを検討するようにすれば、検討時間は飛躍的に短縮できる。最近はネット証券の画面でも様々な銘柄スクリーニング（利用者が選んだ一定条件を満たした銘柄を抽出する機能）が可能なケースも少なくない。

これなどは、機械に頼る簡単な方法である。昔ながらの投資家は、手描きチャートを一枚一枚こしらえていかないと納得できないかもしれないが、機械を利用すれば、手描きチャートでは一〇銘柄しか検討できない時間で、一〇〇銘柄の検討も可能になる。

しかし、無料のサービスには多くの利用者がいる。「少数派こそ勝者、多数派とは一線を画したい」という人であれば、少しおカネを払って「他の投資家があまり使わないような銘柄選択サービス」を利用する手もある。もちろんおカネを払う価値のあるサービスでなければ意味はないが、時間を買う感覚で一定の機能を買うのもいい。

最初から投資銘柄を大胆に絞り込んでしまう手もある。「日経二二五先物しか売買しない」と決めてしまえば、銘柄選択にかかる時間はゼロになる。もちろん自分と相性の良い商品や銘柄にしなければ駄目だが、いったん「相性の良い商品や銘柄」が決まってしまえば、その後はかなりラクになる。

機械に頼るか、カネを払って時間を買うか、最初から投資対象を絞り込むか

59

Q 大化けしそうな銘柄を探す際心掛けるべきことは？

A 完璧な人間が存在しないのと同様に、完璧な銘柄などいくら探してもない。あらゆる角度から検討して「申し分ない銘柄」があれば、投資家から人気を集めて株価がすでに上昇しているはずで、「割安とは言い難い銘柄」になってしまう。

もし一〇〇点満点の銘柄が見つかったとしても、それは投資人生で一回あるかないか。結婚ならば「長い人生でたった一回の一〇〇点満点」という人に巡り会えれば幸せだろう。だが、「一回だけの投資で済ませる」という投資家は滅多にいない。一回だけ一〇〇点の銘柄に遭遇しても、長い投資人生でずっとで満足できるとは限らないからだ。確かに「特定の一銘柄しか売買しない」と決めてしまい、その銘柄と結婚したつもりで、ずっと売買していく方法もある。しかし、現実は複数の銘柄を売買していく投資家が多い。そこで、多くの投資家のためのヒントが必要になる。

機械的に銘柄を選ぶのであれば、テクニカルやファンダメンタルの様々な条件を掛け合わせて、銘柄を抽出するという手がある。これは、ネットや機械を使えば、比較的ラクに実行できる。ただし、「条件設定で除外された銘柄」のほうが大化けしたりすることも少なくない。理詰めで、欠点を除外していくと、平均点は高くて真面目な銘柄が残りやすい。これは会社や組織の人事と似ている。「大物は輩出しないが、組織として構成員の質は総じて高い」という無難な結果になる。

投資の世界では、消去法で銘柄を選んでしまうと、大化け銘柄にはなかなか遭遇しない。「欠点の少ない（または目立たない）銘柄＝すでに買われて割高気味になっている」「欠点のある銘柄＝まだ割安に放置されている」というのは、「相場の真理」でもある。これを防ぐためには、多少の欠点を無視して、長所に目を向けなければいけない。「平均点が低いので、他の投資家からは評価されていないが、じつは○○については他の追随を許さない強味がある」というような銘柄から、大化け銘柄は生まれる。

個別銘柄の悪いところを探すよりも、他社に負けない良いところを探すべし

60

Q 投資の免許皆伝までには、どんなことが必要か？

お作法のような決まった型はない

A 茶道や書道ならば、長い歴史に育まれた流儀・しきたり・作法などがある。それぞれの流派で定められたことを、一つひとつクリアしないと、免許皆伝にはならない。そのしきたりや作法は細部まで決まっており、かなり複雑だ。

株式投資の場合は、○○流宗家とか△△派宗家などは存在しないし、正式なしきたりや作法もない。特定のチャート分析手法や売買システムに関して、一つの流派というか研究会のようなものを組織し、指導したり商売にしている方々はいるが、市場参加者全体に占める割合は高くない。

今後は、誰かが「全世界に通用する体系的な株式投資の教科書」を完成させ、広く普及させるかもしれない。ただし、株式投資では全員が勝者になることは無理で、投資家ごとに投資目的、運用期間、期待収益、財力が異なるため、万人向けの教科書が策定される可能性は低い。一定レベルの投資知識を確認する「投資力検定」「運用力検定」のようなものは流行るかもしれない。またチャート解読法を身につけるための「チャート分析力検定」などが人気を集めるかもしれない。しかし、投資知識の高さと運用力は一致しない。また皆が同じチャートに頼ることもない。もし投資家全員が同じチャートを基に判断するようになったら、そのチャートは当たらなくなる。

結局、「この教科書だけを繰り返しマスターすれば、誰もが正しい作法を身につけることができる」といった便利なものは、投資の世界に存在しない。インサイダー取引や相場操縦などの犯罪行為や反則は、もちろんご法度だが、それ以外については「万人向けの正しい作法」などない。投資家自身が、自分の使い勝手が良い作法を選んで、実行していくことになる。自己流（あるいは「我が家流」）の投資作法を作り上げて、こっそり儲ければよい。書籍やセミナーなどで見聞きしたことで、自分に適していると感じたことを試し、好結果が得られたものをいくつか選んで作法としていけばいい。

投資の作法は自分で作ってしまえばよい

少数派か

Q61 他人と違うと不安に思うのだが、どう対処すべきか？

A 昔、「赤信号、皆で渡れば怖くない」という言葉が流行した。確かに「他人と一緒なら、それも大勢の人と一緒なら何とかなる」という妙な安心感を、人間は持ちやすい。人間社会で無難に生きていくためには、いや人間だけでなく、その他の動物でも集団生活している動物の場合は、集団から離れることなく同じように行動したほうが、手堅い結果になりやすい。

ところが、株式投資では「皆と一緒に買えば儲かるどころか、一緒に損してしまうこと」が少なくない。株価の特徴として、「自分が買った値段よりも高い値段で誰かに買ってもらう」か「自分がカラ売りした値段よりも安い値段で誰かに売ってもらう」ことが起きないと、儲からない仕組みになっている。

したがって、皆と一緒に買ったり、皆と一緒に売っていては、「自分が買った値段よりも高い値段で買ってくれる人」や「自分がカラ売りした値段よりも安い値段で売ってくれる人」が見つかりにくくなってしまい、儲けることが難しくなってしまう。「常にへそ曲がりが勝ち続ける」とまでは言い切れないが、「多数派では勝ち組になることは滅多にない」という投資の特徴を無視すべきではない。「皆が買いたがらない局面は株価の底値圏」「皆が売りたがらない局面は株価の天井圏」というケースが多い。

周囲を見回して、自分と同様のポジションになっている投資家が多い時は、「自分が多数派になっている→じつは負けやすい危険な状況」と考えたい。少々怖くても「周囲に同じポジションの投資家がほとんど見当たらない」という時のほうがチャンスは大きい。「自分が現在多数派になっていないか、少数派になっているか」を自問自答し、多数派にならないように心掛けることが大切である。「少数派であることに不安を感じて、その不安に耐えられない人」は、株式投資にのめりこまないほうがよい。

自分と周囲が皆同じポジションだと、一緒に負けることが多い

62

Q ローソク足を自分で描いてみたいが、ルールがわからない？

A 一九八三年四月、著者東保は山一證券に入社した。このとき一カ月弱の新入社員集合研修が実施された。その研修でローソク足について教えられたことはわずかだったが、それを以下に書いておこう。

①ローソク足チャートは、縦軸が株価、横軸が日時。
②一本のローソクが一日ならば日足、一本のローソクが一週間ならば週足、一本のローソクが一カ月ならば月足、一本のローソク足が一年ならば年足、と呼ぶ。
③書き方は、まず横軸に日時の目盛り、縦軸に株価の目盛りを記す。
④株価には「始値」「終値」「高値」「安値」の四つがある。

⑤「始値」は、日足ならばその日最初についた値段、週足ならばその週の最初についた値段。
⑥「終値」は日足ならばその日最後についた値段、週足ならばその週の最後についた値段。
⑦「高値」は日足ならばその日ついた最も高い値段、週足ならばその週についた最も高い値段。
⑧「安値」はは日足ならばその日ついた最も安い値段、週足ならばその週についた最も安い値段。
⑨「始値」を「その日（時間）に該当する部分」に「横線」を引く。
⑩「終値」を「その日（時間）に該当する部分」に「横線」を引く。
⑪「始値」と「終値」の横線を左右の縦線で囲いローソク型にする。
⑫「始値」＜「終値」ならば、「陽線」と呼び、ローソクの中をそのまま白抜き状態にしておく。ローソクが白抜きならば、「始値」＜「終値」ということが一目でわかる。
⑬「始値」＞「終値」ならば、「陰線」と呼び、ローソクの中を黒く塗りつぶす。

ローソクが黒塗りで塗りつぶされていれば、「始値」＞「終値」ということが一目でわかる。

⑭「高値」に点を打ち、その点からローソク足の上部にまっすぐ線を引く。この線を「上《うわ》ヒゲ」または「上《うえ》ヒゲ」と呼ぶ。

⑮「安値」に点を打ち、その点からローソク足の下部にまっすぐ線を引く。この線を「下ヒゲ」と呼ぶ。

ローソク足の書き方についてはこれだけである。見方については三つだけだった。

①陽線が多ければ、相場は強い。

②陰線が多ければ、相場は弱い。

③二、三銘柄でもよいから、自分で決めた銘柄の日足ローソク足を毎日書き続ける。これを半年続ければ、なんとなく相場の転換点がわかるようになる。

その後、山一證券には結局一五年近く在席したが、ローソク足についての研修を受けることは一度もなかった。それでも営業やディーラーが勤まってしまったので、チャートについてあまり難しく考えないほうがよいのかもしれない。

「始値＜終値」ならば陽線、「始値＞終値」ならば陰線

ローソク足

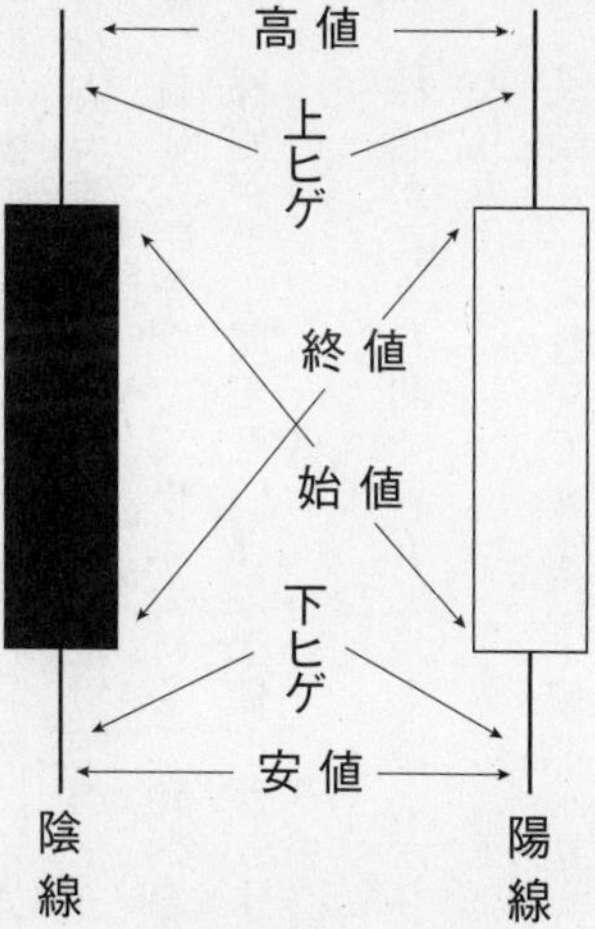

63

Q ベストの保有期間をどう決めるか?

A 少々欲張りに「一年で資産を二倍にしたい」という目標を立てたとする。これを実現するためには、例えば以下のようなプロセスが考えられる。

① 株価が一年間で二倍以上になる銘柄を探して、一年間保有する。
② 株価が半年間で五〇%以上値上がりする銘柄を探して、半年間ごとに売買を繰り返す
③ 株価が三カ月間で二五%以上値上がりする銘柄を探して、三カ月ごとに売買を繰り返す
④ 株価が一カ月間で九%以上値上がりする銘柄を探して、一カ月ごとに売買を繰り返す
⑤ 株価が二週間で四%以上値上がりする銘柄を探して、二週間ごとに売買を繰り

返す

⑥　株価が一週間で二％以上値上がりする銘柄を探して、一週間ごとに売買を繰り返す

⑦　株価がその日のうちに〇・五％以上値上がりする銘柄を探して、毎日売買を繰り返す

これら①から⑦は「勝率一〇〇％で、すべて上手くいく」という、好都合な前提に立っている。一年間全部勝ち続けるという前提は、あまりにも現実離れしているので、現実問題として、ある程度の負け（損失発生）も考えておかないといけない。

そこで多少の負けも考慮して作戦を立てると、例えば以下のようなパターンがある。

⑧　株価が一年間で三倍以上になりそうな三銘柄を探して、そのうち予定通りに値上がりする一銘柄は一年間保有し、失敗した二銘柄は速やかに損切りする

⑨　株価が半年間で二倍以上になりそうな二銘柄を探して、そのうち予定通りに値上がりする一銘柄は半年間保有し、失敗した一銘柄は速やかに損切りし、半年間ごとに売買を繰り返す

⑩　株価が三カ月間で五〇％以上値上がりしそうな二銘柄を探して、そのうち予定

通りに値上がりする一銘柄は三カ月間保有し、失敗した一銘柄は速やかに損切りし、三カ月ごとに売買を繰り返す

⑪ 株価が一カ月間で一八％以上値上がりしそうな二銘柄を探して、そのうち予定通りに値上がりする一銘柄は一カ月間保有し、失敗した一銘柄は速やかに損切りし、一カ月ごとに売買を繰り返す

⑫ 株価が二週間で八％以上値上がりしそうな二銘柄を探して、そのうち予定通りに値上がりする一銘柄は二週間保有し、失敗した一銘柄は速やかに損切りし、二週間ごとに売買を繰り返す

⑬ 株価が一週間で四％以上値上がりしそうな二銘柄を探して、そのうち予定と通りに値上がりする一銘柄は一週間保有し、失敗した一銘柄は速やかに損切りし、一週間ごとに売買を繰り返す

⑭ 株価がその日のうちに一％以上値上がりしそうな二銘柄を探して、そのうち予定通りに値上がりする一銘柄はその日のうちに利食い、失敗した一銘柄は速やかに損切りし、毎日売買を繰り返す

これら⑧～⑭のうち、どれが簡単にできそうに感じるかは、人それぞれだろう。各

自分の生活パターンを考えると
彼女ができてもだいたい3カ月で破局
ベストの保有期間は3カ月?

投資家が、もっとも上手くできる期間を選んで、売買するしかない。儲かる期間が自分向きの期間であり、大負けしない期間が自分向きの期間である。自分の性格や生活パターンを考慮して、自分で決めるしかない。

「一週間のつもりで仕掛けて、結果的に半年間の投資になってしまう」といった「意図せざる長期投資」は失敗である。自分が事前に決めた期間で手仕舞う習慣をつければ、「いつまでたっても手仕舞えない長期塩漬け」はなくなる。

自分が儲けやすい期間、そして大負けしない期間が、ベストの保有期間

底打ち後のリベンジ

64

Q 損切りした後に株価がどんどん上昇してしまったら？

A 六〇〇円を目指して五〇〇円で買ったものの、株価が下がってしまい四五〇円で損切り。しかし四五〇円が大底で、その後株価は当初の買値五〇〇円を奪回し、さらに上昇し続けて当初の目標六〇〇円どころか七〇〇円まで上昇してしまう。こういった悔しいパターンを経験すると、「損切りするのが恐ろしい」「損切りするのを先延ばししたい」というた気持ちになりがちだ。だからと言って損切りを実行しないと、五〇〇円で買った株が四五〇円どころか、四〇〇円→三〇〇円→二〇〇円とどんどん下がってしまうこともありうる。二〇〇六年一月以降の新興市場では、一年も経たないうちに株価が一〇分の一以下になった銘柄が続出した。

「最初に決めた損切りラインで損切りを実行できない投資家」はそれ以上に損失が拡大した段階では損切りを実行できなくなり、より悲惨な塩漬けになりがちである。

「どこが天井で、どこが大底か」ということを事前に見抜くことはできない。したがって「損切り」は致し方ない。ただし「損切り後の反発」を獲り損ねて大きな後悔をしないようにするには、「損切りした後に一定の戻りを実現したところで買い直す」と決めておくのも一法である。「損切り後の最安値から○％戻したら買い直す」「損切り後の最安値をつけた日の高値を突破したら買い直す」「損切り後に、直近三日間の高値を突破したら買い直す」など、自分好みの基準を決めておけば、損切りを躊躇《ちゅうちょ》しなくて済むようになる。損切りの先延ばしを防ぐことができれば大負けはなくなる。

また自分が損切りする局面では、他の投資家も損切りしていることも少なくない。自分が損切りしたタイミングで多くの投資家もあきらめていて、結果的に株価の底値になってしまうことはよくある。そのような失態を防ぎたい人は、損切り後の仕掛け直し基準を決めて臨みたい。ただし、「いったん手仕舞った銘柄は完全に忘れる主義」という人は、無理に仕掛け直しの基準を設定する必要はない。

損切りした後でも買い直す基準を決めておけば、迷わず損切りできる

ストライクだけを打て

65

Q 周囲の皆が儲けている銘柄で勝負すべきか？

A 皆が儲けていて、あなたも儲かるのであれば、躊躇せず勝負すればよい。しかし現実はそれほど甘くない。周囲の大半が儲かっている銘柄でも、あなただけ損をしてしまうことはある。逆に周囲の大半が損をしてしまう銘柄でも、あなただけ儲かってしまうこともある。

二〇〇七年七月時点で、東証一部だけでも一七〇〇以上の銘柄がある。これだけあれば、自分にとって相性の良い銘柄もあれば、相性の悪い銘柄もある。わざわざ相性の悪い銘柄を選んで売買することもあるまい。自分の周囲が皆儲けていても、自分にとっては「ストライクゾーンでない銘柄」ならば、見送りが正解ということになる。

野球でも、「身長二メートル超の大リーガー」と「身長一四〇センチの小学生」とでは、ストライクゾーンが異なる。大リーガーにとっては低すぎるボールが、小学生には「ど真ん中の絶好球」ということもある。また小学生には高すぎるボールが、大リーガーにとっては「最も打ちやすいストライク」かもしれない。ただし大リーガーでも小学生でも、「自分が打ちやすい絶好球はヒットになる確率が高く、打ちにくいボールは無理に打とうとしてもヒットになりにくい」と言える。

株式投資も同じで、「プロ投資家にとっての絶好球」と「初心者にとっての絶好球」が一致するとは限らない。自分にとっての絶好球、つまり「儲かる確率が高い」「上手くいった時に利益幅が大きくなりやすい」銘柄やチャートは、一人ひとり異なる。「儲けやすい銘柄で、儲けやすいチャートパターン」、あるいは「儲けやすい決算発表パターン」「儲けやすい信用取組パターン」「儲けやすい板パターン」など、自分にとってのストライクゾーンだけ待ち伏せすべきである。あのイチロー選手だって、すべての投球に対してバットを振りにいくわけではなく、絶好球を狙い打ちしている。株式投資も、勝てる確率が高い時が来るまで待ってから、バットを振るようにしたい。

自分の勝ちパターンで待ち伏せしろ

66

Q 投資金額を増やすタイミングをどう考えるべきか?

少額投資のままでは富豪になれない

A 慣れないうちに目一杯投資してしまうと、一回の失敗が致命傷になりかねない。そこで最初は少額にし、致命的な大敗を極力避けたい。投資経験を積みながら徐々に投資金額を増やそう。ここで少額投資と高額投資の長所・短所を整理してみる。

少額投資の長所　①失敗しても傷が浅くて済む、②財力が乏しくても実行可能、③精神的負担が少ない

少額投資の短所　①失敗してもかまわないと考えて真剣さを欠きやすい、②値幅や上昇率では大きく成功しても実際の利益金額が小さい

高額投資の長所　①真剣に取り組む、②成功した時の利益金額が大きい

高額投資の短所　①失敗したら傷が深くなりやすい、②財力が伴っていないと実行できない、③精神的負担が大きい

少額投資だけをしていれば、精神的負担は大きくなりにくい。しかし五万円の元手を一年間で二倍にできたとしても、利益金額は五万円である。これに対し、元手が一〇〇〇万円なら二％増やしただけでも利益総額は二〇万円。一歩譲って、元手五万円を二倍にできる四銘柄に出会えたら利益総額は二〇万円で並ぶ。とはいえ、一年間で二倍になる銘柄を四つ見つけることより、一年間で二％値上がりする銘柄を一つ見つけることのほうが簡単だ。少額投資のままで高額投資並みの利益をあげるのは難しい。

少額だと、投資技術が優れていても大きく儲からない。結局、ある程度投資金額を増やしていかないと、大きなリターンは得にくい。したがって、少額投資でスタートしても、最終的に高額の投資ができるようステップアップしていく必要がある。

現実的な対応は、「最初は最低単位から投資をスタートする。二回続けて利益が出たら、次に投資する金額を少し増やす」方針がいい。これならば無理なく段階的に投資金額を拡大していけるので、大ケガは避けやすく、かつ「富豪への可能性」も残る。

2回続けて儲かったら投資金額を少し増やしてみよう

67

決まった時刻に起きろ

Q デイトレーダーが心掛けるべきことは？

A デイトレードで生活費を稼ぐということは、日々の売買（トレード）が自分の仕事になる。世の中にはあまり熱心に働かなくても大金を稼いでしまう人もいないわけではないが、大半の人は週五日ないし六日を必死に働いて過ごす。それも一日八時間以上。そうしないと食べていけない。

普通のサラリーマンなら、朝の始業時刻から夕方の終業時刻まで仕事をするのが当たり前だ。なかには交代勤務制の人や、取引先や顧客の都合で始業時刻を選べない人もいる。しかし株式市場を相手に仕事をしている人ならば、決まった時刻に仕事を始めるはずだ。

年金運用担当者も投信運用担当者も、証券会社所属の歩合制ディーラーも、皆、毎朝決まった時刻に起きて、決まった時刻に仕事を始める。寝坊したり、会社の出勤に遅刻していたら良い状態での売買はできない。皆、自分を律して朝早く起き、余裕を持って出勤し、市場の開始時刻には臨戦態勢を整えている。これは寿司屋や蕎麦屋でも同様で、美味しい食事を出すためには、朝の仕入れや仕込みから手を抜かずに働く。

「デイトレーダーは通勤時間ゼロだから朝寝坊できる」などと考えたら大間違いである。朝九時〜一五時まで全力で戦えるように、朝九時前に準備を完了していなければならない。良い結果を生むためには入念な準備が必要になる。

もしあなたがデイトレーダーとして食べていくことを決意したとしたら、「平日は毎朝決まった時刻に起床し、決まった時刻にパソコンのスイッチを入れ、決まった時刻に席につき、決まった時刻に売買の準備を整えることを習慣化すべきである。幸いにして、市場の開始時刻は変動しない。いったん習慣化してしまえば、毎朝同じリズムで仕事に臨むことができる。まずは毎朝決まった時刻に起きることが、デイトレーダーとして成功する第一歩になる。

一日のスタート時刻を固定させ、自分のリズムを作れ

68

Q 説明書が分厚い商品は信用していいか？

A 多くの人は、説明書が分厚く何でも書いてあると、信用度が高いと感じる。逆に、説明書が薄く少しのことしか書いてないと、信用度が低いと感じる。わからないこと、不安、疑問に思うことが全部書いてあるのは、親切なことだろう。しかし「分厚い説明書を全部読まないといけない」という状況ははたして親切なのだろうか？

例えば、「使用方法と注意点のしおりが一〇分間で読み終わる携帯電話」と「使用方法と注意点のしおりが三〇分間でも読み終わらない携帯電話」を比べた場合、どちらが良い携帯電話と言えるかは、使う人によって異なる。

人間は一人ひとり異なる。得意なことや不得手なこと、好みなどは、皆それぞれである。だから「五分間でわかることがいい」とか「三〇分間かけてもわからないことが駄目」というわけではない。しかし簡単に頭に入らない説明は、注意したほうがよい。何か裏があったり、落とし穴があったりしがちである。

自分が手掛けようとする金融商品も、儲かるケースや損するケースが簡単にわからない「複雑な条件付き商品」は、詐欺まがいで業者に有利な設計になっている。株式銘柄選択ソフトでも、複雑な仕組みのものは、一般投資家が使いこなしづらいようになっている。しかしなかには、「複雑だからこそ逆に儲かる」「複雑だからこそ皆が使えないので、自分だけ使えて有利になる」と考える人もいる。そう思える人は、「複雑な商品」「複雑なソフト」「複雑なシステム」にトライしてもいいだろう。

しかし、そう思えない人は、なるべく単純なものを選んだほうがいい。筆者の経験では「能書きの長い商品に良いものは少ない」「能書きばかり長々と説明するセールス担当者は怪しい」ように思う。複雑なものより単純なもののほうが壊れにくし、壊れても修理がしやすい。「直感的にも、正しいか間違っているかがわかるような」単純な商品のほうがごまかしが少ないので、迷ったら単純なものを選んだほうがいい。

長い説明を要するものは、落とし穴や罠があるので、要注意

69

チャートを加工しすぎると、変化の察知が遅れる

Q 様々なチャートをどんどん加工し続けていくと、画期的なチャートになるか？

A チャートの世界では、毎年のように新しい手法が編み出される。それだけ多くの投資家や研究者たちが、「もっと儲かる良い方法はないか」と常に考えているからだろう。新しいチャートのいくつかはマネー雑誌にも紹介される。一部はネット証券のサービス画面や株式売買ソフト提供会社の商品などに反映される。毎年のように新しいチャートが生まれることは、現状に満足していない投資家にとって悪い話ではない。ただし、選択肢が増えすぎると、それに比例して悩みも増えてしまう。

新しく編み出されるチャートやテクニカル指標は、「従来あったものを新たに加工している」ケースが多い。例えば、「日数の異なる移動平均線を複数組み合わせる手法」は「従来あった移動平均線」を加工した手法と言える。また「RSI」や「MACD」

などで、一般的に使われてきたパラメーター（変数）を違った数にして分析する手法も新しい加工だろう。皆が気づかなかった組み合せや、皆が使っていなかった変数を利用することで儲かるのであれば、それは新兵器として通用する可能性大である。

しかし加工を重ねたチャートや指標には、注意点もある。それは変化のスピードである。例えば日足チャートだけならば毎日の変化が反映される。しかし二五日移動平均線は「二五日間かけて変化するので、変化のスピードが二五分の一になってしまう」と言えなくもない。複数の移動平均線の組み合わせだと、期間の長い移動平均線の影響も無視できない。このように加工を重ねていくと、タイムラグが生じやすい。

マネー雑誌や証券会社の勉強会では、「加工に加工を重ねた最新式チャート」が人気を集めているが、実は「加工度の低い原データに近いチャートのほうが変化は早い」ということも頭の片隅に入れておきたい。このことがわかっていて、「加工度の高いチャート」を使っているのならば問題ないが、知らずに使うのは危険なこともある。

加工度が低いチャートのほうが、先に変化が現れる

70

Q 途中まで順調に進んでも売りそびれてしまうケースが多い。何か良い対策は？

A「もうはまだなり、まだはもうなり」という有名な相場格言がある。投資家が「もういいだろう」と思う場面は、じつはまだ終点ではなく先があり、投資家が「まだ大丈夫だろう」と思う場面は終点近辺で手仕舞うべき時という意味の格言である。

この格言は、全くそのとおりであるが、禅問答のような感じで、「ここで売るべし」「ここは我慢すべし」ということが具体的に示されているわけではない。結局、「買い場」「売り場」「仕掛けるタイミング」「手仕舞うタイミング」をはかろうとしても、人間の心が揺れてしまい、なかなか難しい、ということを物語っている。

大半の人間には予知能力などなく、「どこが株価の天井で、どこが株価の底値」とか「明日は今日よりも高い」とか「明後日は今日よりも安い」といったことは、事前に知ることをできない。もし事前に知ることができれば、誰も苦労しないし、わざわざ本書を読むこともないだろう。

ただし、筆者の経験では、「気持ちよく派手に買うと危ない」「おそるおそる、静かに買った時は、案外上手くいきやすい」「株価が思い通りに動いて、とても機嫌が良い時に手仕舞うと、後で振り返っても、成功のことが多い」「株価が思い通りに動いて、とても機嫌が良い時に粘ると、結局、たいしたところで手仕舞えないことが多い」と言える。

ギャンブルや勝負事も、引き際が肝心だが、「儲かってご機嫌が最高の時＝最高の逃げ場」である。これは株式投資も全く同じである。「ご機嫌が最高」という状態は個人差もあり、絶対的な定義はないが、「過去に自分が嬉しくなって舞い上がってしまった状態」を記録しておきたい。その時と同じパターンになったら、欲張らずに手仕舞いたい。

自分の気持ちが良くなっている時が、引き際

71

大勝ちしたければ、深く狭く

Q 勉強しなければいけないことが多すぎるので絞りたいが、どうすればよいか？

A 本書を執筆しておきながら、こんなことを書いてしまうと申し訳ない気もするが、書店には株式投資関連の書籍が多数並んでいる。仮に、これらの本を片っぱしから読破したら、凄い物知りになると思う。しかし株式投資で結果が残せるかどうかは、人それぞれだろう。知識が豊富なら、それに比例してあれば儲かるのであれば、経済学の教授や、投資関連書籍を執筆した人は皆、大富豪のはずである。

もし大儲けしたのであれば、あれこれとたくさんのことを勉強する姿勢を放棄したほうがよい。あれこれと勉強して、様々なことを試していたら、一〇年や二〇年くらいすぐに経ってしまう。

限られた人生の中で、株式投資で大勝ちしようとしたら、多少のリスクを覚悟の上で、一つのことに賭ける度胸も必要である。といっても、「一つの銘柄に全財産を投じろ」ということではない。「自分が最も得意で、最も儲かるやり方」だけを実行し、他のことをいっさいやらない覚悟が必要である。これは意外につまらないし、また精神的にも苦しい。特に「新しいことを学びたい」という意欲が高い真面目人間・前向き人間にとっては、かなり辛いことでもある。

しかし、大儲けしたければ、あれこれ手を広げるよりも、最も得意な手法・パターン・技を磨いて、それだけで儲け続けることを考えたい。浅く広くでは駄目で、狭く深く徹底的に極めて、一定のパターンだけで儲ければよい。そしてその儲けのパターンを他人に教えず、自分だけの秘法にしておけばよい。幸運に恵まれれば、何十年先でも通用し続ける。あれこれやるよりも、先物なら先物、大型株なら大型株、短期売買なら短期売買、海外株投資なら海外株投資、MACDならMACD、RSIならRSI、何でもよいので、たった一つの超得意技を作ることが、大富豪への道になる。

誰も見向きしない得意技が一つあれば、大富豪に近づく

市場全体が下がっている時は逆らうな

72

Q 市場全体が下げている時に逆行高しそうな銘柄を見つける方法は？

A 市場全体が下げている時でも、何とか上手に儲けたいと考える投資家は少なくない。確かに、上場している全銘柄の株価が一斉に下がることは滅多にない。九割以上の銘柄が下がっていても、株価がしっかり上昇する銘柄はいくつかある。全体が下がっても、先人たちは「逆行高する銘柄」を探す方法を探ってきた。

しかし、上げ相場の時でも、株価が上昇する銘柄を事前に見つけるのは意外に難しいし、下げ相場の時に逆行高する銘柄を事前に見つけるのはもっと難しい。先人たちの努力を全部否定するつもりはないが、有効な「逆行高銘柄事前発見法」など見つかっていないはずだし、もし見つかったとしても広く知れ渡っていない。申し訳ないが、少なくとも筆者は見つけていないし、知らない。

あえて言えば、事前発見法ではないが、比較的有効な手段もないわけでない。例えば、「市場全体が下げている時でも年初来高値（または昨年来高値）を更新した銘柄を買ってみる」「市場全体が連続安でも、直近三日間の高値を抜いた銘柄を買ってみる」などの方法は、多くの投資家に知られていると思う。しかしこれらの方法は、「すでに株価がそれなりに上昇してから買う方法」なので、投資家によっては「事前発見法」ではなく、「後出しジャンケンに近い」と思うかもしれない。

考えてみれば、「市場全体が上昇する時は、主力銘柄を数銘柄買っておけば、利益は出やすい」ので、深読みせずに主力銘柄を買うだけでよい。しかし「市場全体が下落する時に主力銘柄を複数買ったら、ほぼ確実に損になる」ので、例外的な数少ない銘柄を探さなければいけなくなる。

機関投資家や専門家が、毎年末に「翌年の注目銘柄」を挙げるが、なかなか当たらない。プロでさえも、多くの銘柄から「これぞという銘柄」を選び出すことに失敗している。それにもかかわらず、一般投資家が逆行高する例外的な数少ない銘柄を、多くの銘柄の中から選び出すことは、難解な作業と言えよう。多くの先人が試みてもなかなか上手くいかなかった作業にトライして成功させれば、それは凄い成果を生み出すだろう。「われこそは、何百万人に一人の天才なり」と信じて疑わない人はトライすべし。しかし「自分は平凡な人間」と自覚する投資家であれば、もっと違ったことに労力をかけたほうがよい。

市場全体が下がる時は、大半の銘柄は下げてしまう。これは市場の常。これに逆らっても、労多く利少なしである。全体が下げる時は、嵐が過ぎ去るのを待つように、現金比率を高めておいたほうが、大負けしないですむ。

平均株価が下げ基調の時は、無理せずに現金比率を高める

付録◆さらに知りたい人のために

Q 一目均衡表の「買いサイン」と「売りサイン」は？

A 「一目均衡表」は、ローソク足一本と五本の折れ線グラフで構成される。経済変動総研の著作物であり、詳しくは同研究所の著書を参照されたい。

一目均衡表における「買いサイン」を重要な順番にあげると、

①転換線が基準線を上回った時、
②ローソク足の終値が抵抗帯上限を上回った時、
③遅行スパンがローソク足の終値を上回った時、
④基準線が上向きに転じた時、
⑤遅行スパンが抵抗帯上限を上回った時。これらの現象が見られた時に、うっかり売り込んでしまうと失敗しやすい。

一方、「売りサイン」を重要な順番にあげると、

⑥転換線が基準線を下回った時、
⑦ローソク足の終値が抵抗帯下限を下回った時、
⑧遅行スパンがローソク足の終値を下回った時、
⑨基準線が下向きに転じた時、
⑩遅行スパンが抵抗帯下限を下回った時、である。これらの現象が見られた時に、うっかり買ってしまうと失敗しやすい。

ごく簡単に五本の折れ線グラフを解説する。

基準線　本日を含む過去二六日間の最高値と最安値の中間値
転換線　本日を含む過去九日間の最高値と最安値の中間値
先行スパン1　「基準線と転換線の中間値」を二六日将来にずらしてプロット
先行スパン2　「本日を含む過去五二日間の最高値と最安値の中間値」を二六日将来にずらしてプロット
遅行スパン　本日の終値を二六日過去にずらしてプロット

なお、先行スパン1と先行スパン2の間を「抵抗帯」または「雲」と呼ぶ。

ソニーの日足と一目均衡表
(2003年 7 月〜2003年12月)

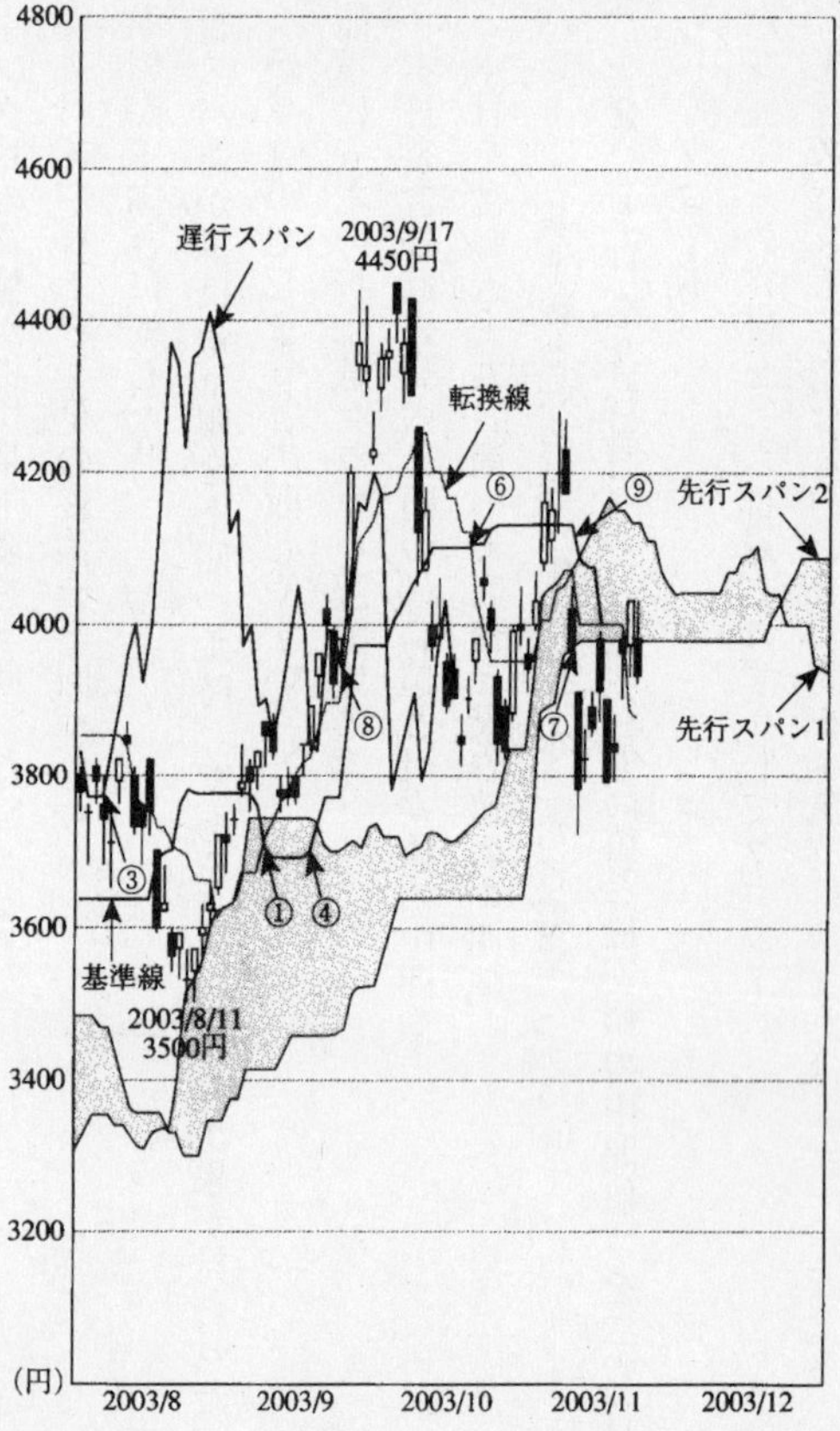

転換線と基準線の上下関係が一番重要

東京電力の日足と一目均衡表
(2003年7月〜2003年12月)

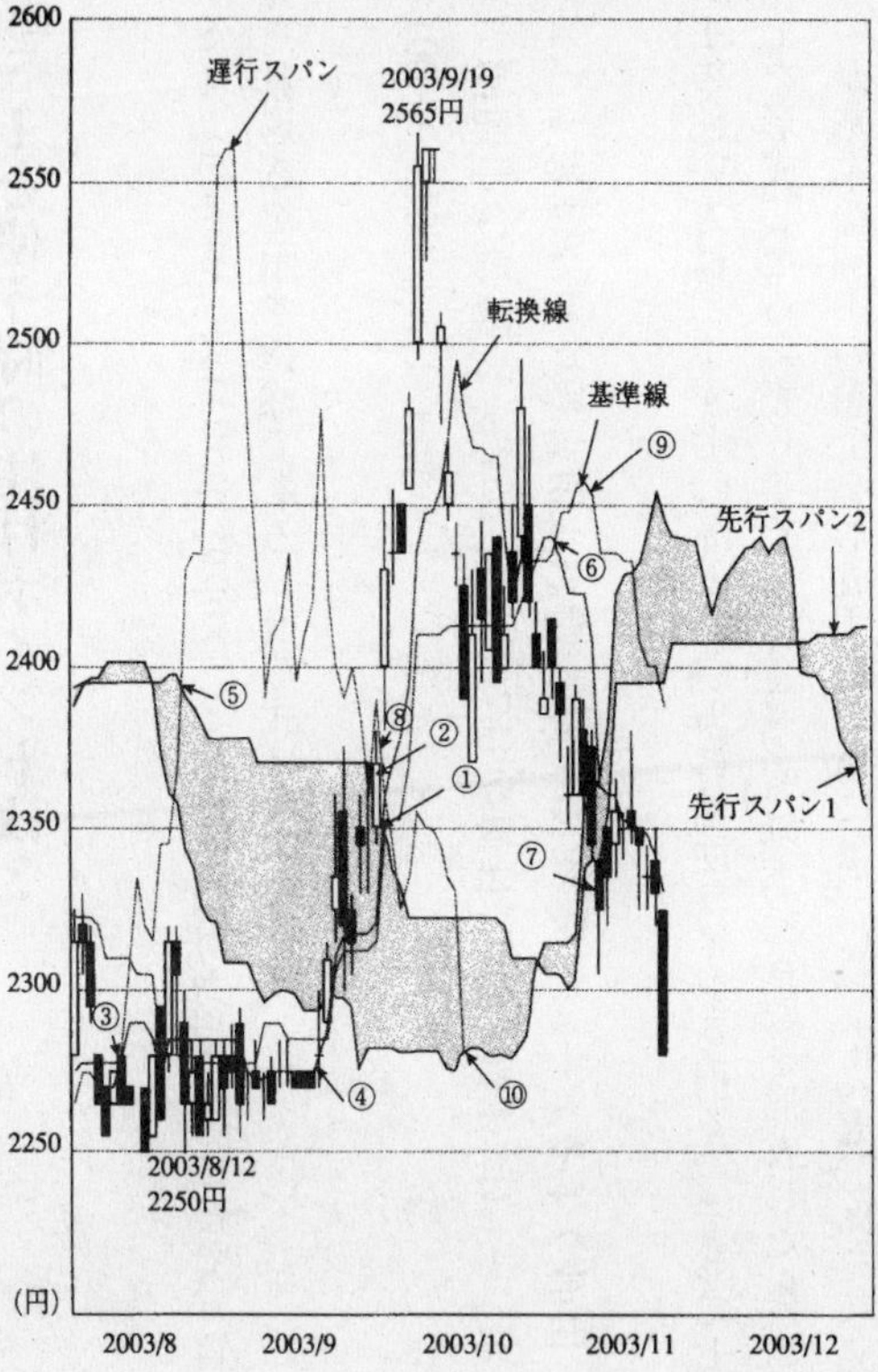

ＲＳＩの見方

Ｑ　ＲＳＩを使う時の注目ポイントは？

Ａ　ＲＳＩ（Relative Strength Index）とは株価相対力指数のことで、買われ過ぎや売られ過ぎを示す指標である。計算式は次の通り。

RSI ＝ 100 − {100 ÷（1 ＋ A)}
A ＝（N 期間中の終値ベースで上昇した日の前日比上げ幅平均）÷（N 期間中の終値ベースで下落した日の前日比下げ幅平均）　N は九日ベースをよく使用

ＲＳＩの使い方は、まず七〇％と三〇％に補助ラインを引く。そして七〇％以上で山の頂上を形成したら「売りサイン」、三〇％以下で谷底を形成したら「買いサイン」というのが基本線。山の頂上を形成するためには、いったん七〇％を超えてから、再び七〇%を割り込むことが必要。つまり七〇%を超えたままであれば「売りサイン」ではない。同様に谷底を形成するためには、いったん三〇%を割り込んでから、再び三〇%を超えることが必要。つまり三〇%を割り込んだままであれば「買いサイン」ではない。

なお「山の頂上」同士を比較して、前回よりも頂上が高くなっている時は、相場がまだ上に伸びる可能性が高い。逆に前回よりも頂上が低くなっている時は、相場が上に伸びにくいので、かなり強力な「売りサイン」となる。同様に「谷底」同士を比較して、前回よりも谷底が低く（深く）なっている時は、相場がまだ下に伸びる可能性が高い。逆に前回よりも谷底が高く（浅く）なっている時は、相場が下に伸びにくいので、かなり強力な「買いサイン」となる。

また五〇%にも補助ラインを引いておきたい。「七〇%割れで売れなかった時」は、五〇%割れが最後の売り場。ここで売りそびれると、「三〇〇万円で買ったＮＴＴ株を何年間も塩漬けにする失敗」と同じ失敗を繰り返す可能性がある。また「三〇%超えで買えなかった時」は五〇%突破が最後の買い場。ここで買い戻しそびれると、もっと高値で買い戻しを余儀なくされるケースが多い。

ソニーの日足とＲＳＩ
（2003年６月〜2003年11月）

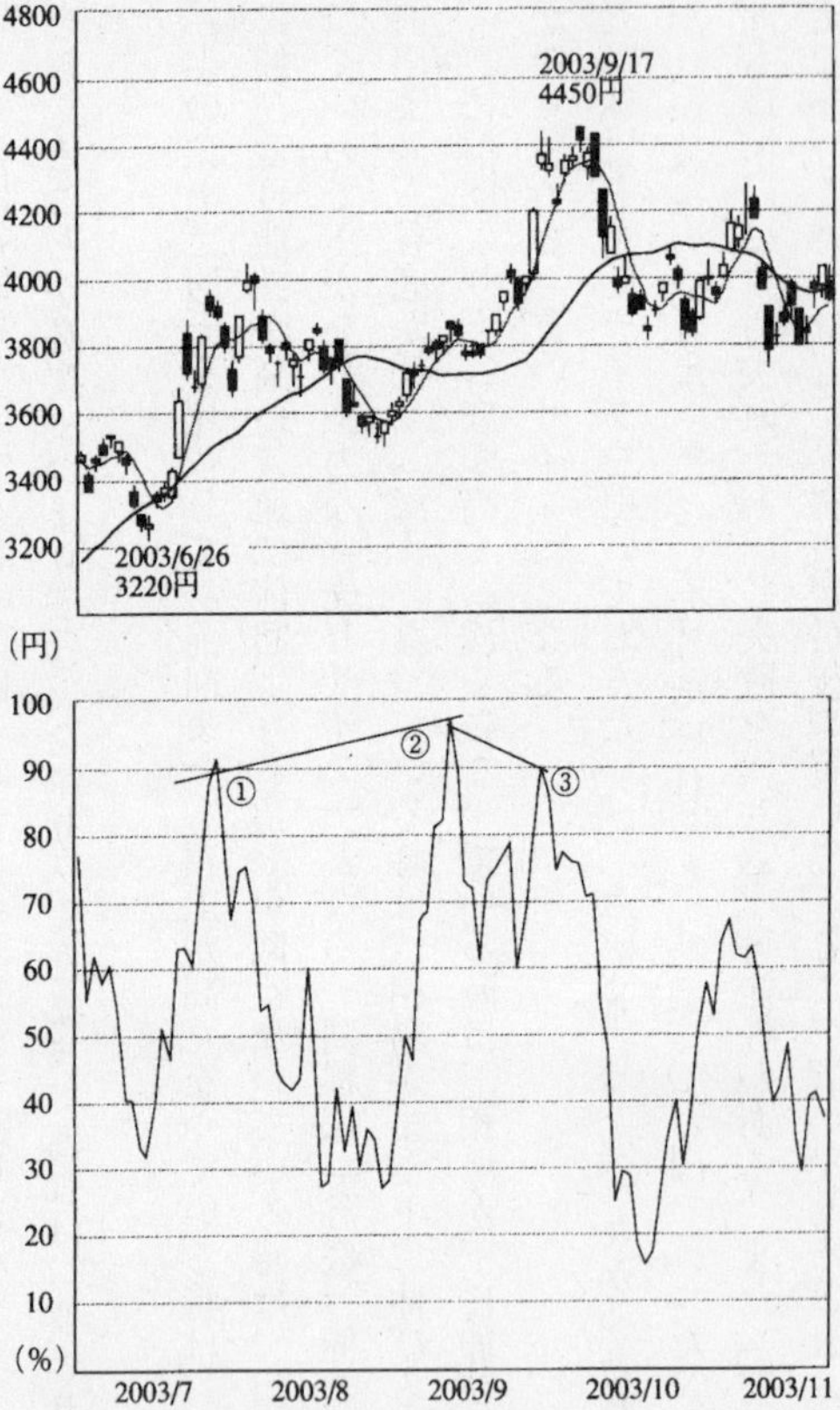

①から②は右肩上がりなので、まだ　株価は上に伸びやすい
②から③は右肩下がりなので、もう株価は上に伸びにくい。その後の70％を割り込んだら売りサイン

RSIは70%、50%、30%に補助ラインを引いてから見る

富士通の月足とRSI
(96年～2003年)

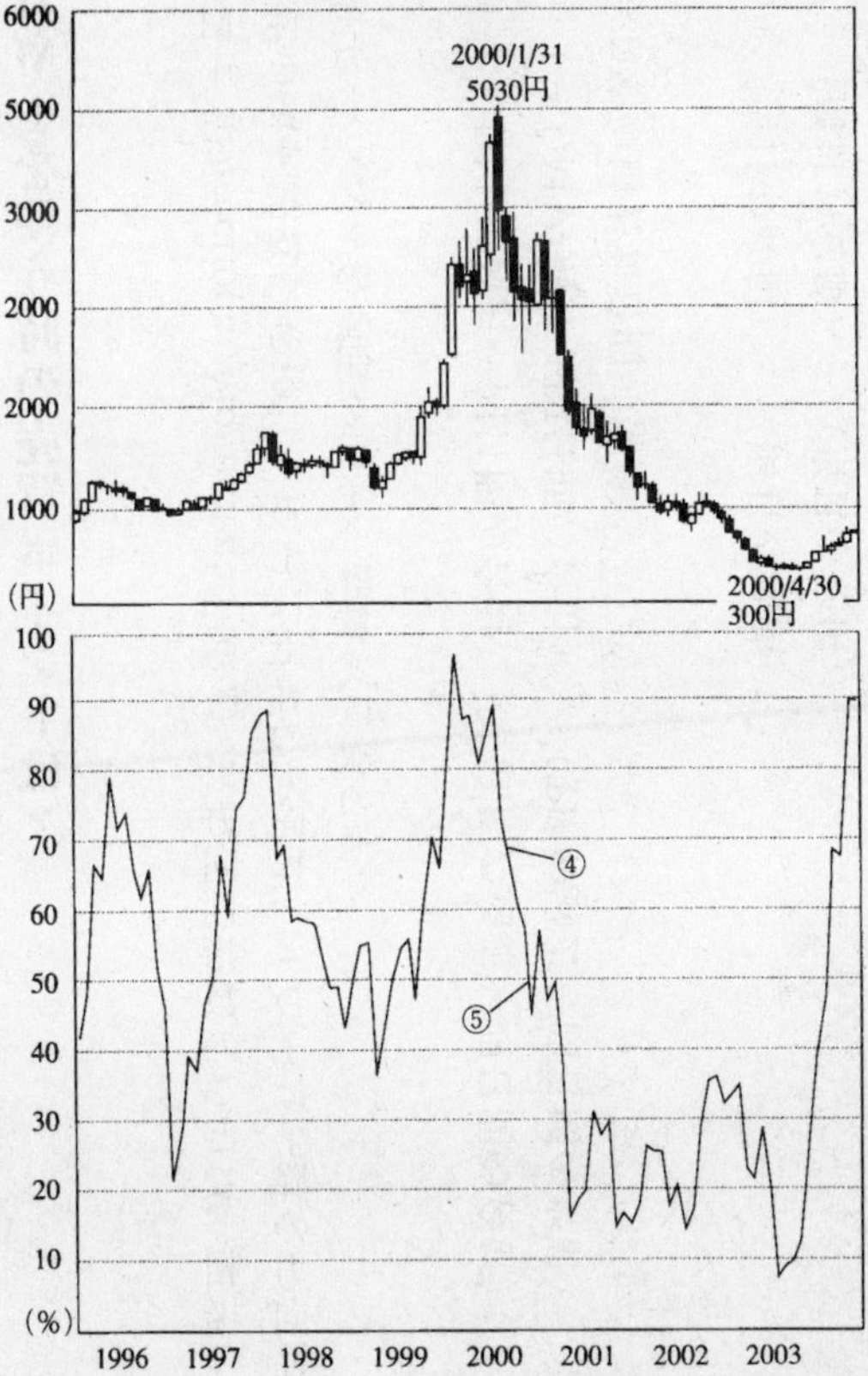

④の70%割れで売りそびれた場合は、⑤の50%割れが最後の売り場になる

Q DMIを使う時の売買ポイントは？

A DMI（Directional Movement Index）は方向性指数のことで、相場のトレンド性を表す指標である。＋DIは上昇の方向性、－DIは下降の方向性、ADXは現在のトレンドの強弱を示す。計算式は次の通り。

＋DI＝（＋DMの過去一四日間の合計）÷（TRの過去一四日間の合計）
－DI＝（－DMの過去一四日間の合計）÷（TRの過去一四日間の合計）
ADX＝DXの過去九日間の合計

＋DM＝（当日の高値）－（前日の高値）
－DM＝（前日の安値）－（当日の安値）

TR＝A、B、Cのうちの最大値
A＝（当日の高値）－（当日の安値）
B＝（当日の高値）－（前日の終値）
C＝（前日の終値）－（当日の安値）
DX＝（＋DIと－DIの差の絶対値）÷（＋DIと－DIの和の絶対値）

「＋DI」が「－DI」を下から上に抜いた瞬間が「買いのポイント」。逆に「＋DI」が「－DI」を上から下に抜けた瞬間が「売りのポイント」。「＋DI」は株価が上に行こうとする力を、「－DI」は株価が下に行こうとする力を示す。

「ADX」は「現在の相場の方向性」を示す。「ADX」がどんどん上昇していく時は、今の相場が加速されやすい。逆に「ADX」がどんどん低下していく時は、今の相場が反転しやすい。

これをもう少し具体的に考えると、

「＋DI」が「－DI」よりも上にあって、「ADX」が上昇する時は、強い買いサイン。

サイン。

「+DI」が「−DI」よりも下にあって、「ADX」が上昇する時は、強い売りサイン。

「+DI」が「−DI」よりも上にあって、「ADX」が低下する時は、近々売りサインが点灯しやすい。

「+DI」が「−DI」よりも下にあって、「ADX」が低下する時は、近々買いサインが点灯しやすい。

なお「ADX」がゼロに近いところで横ばい状態を続けている時は、相場の方向性がないので、様子見で対応するのがよい。

「+DI」と「−DI」の交差時が売買ポイント

日立の日足とDMI
（2003年6月〜2003年11月）

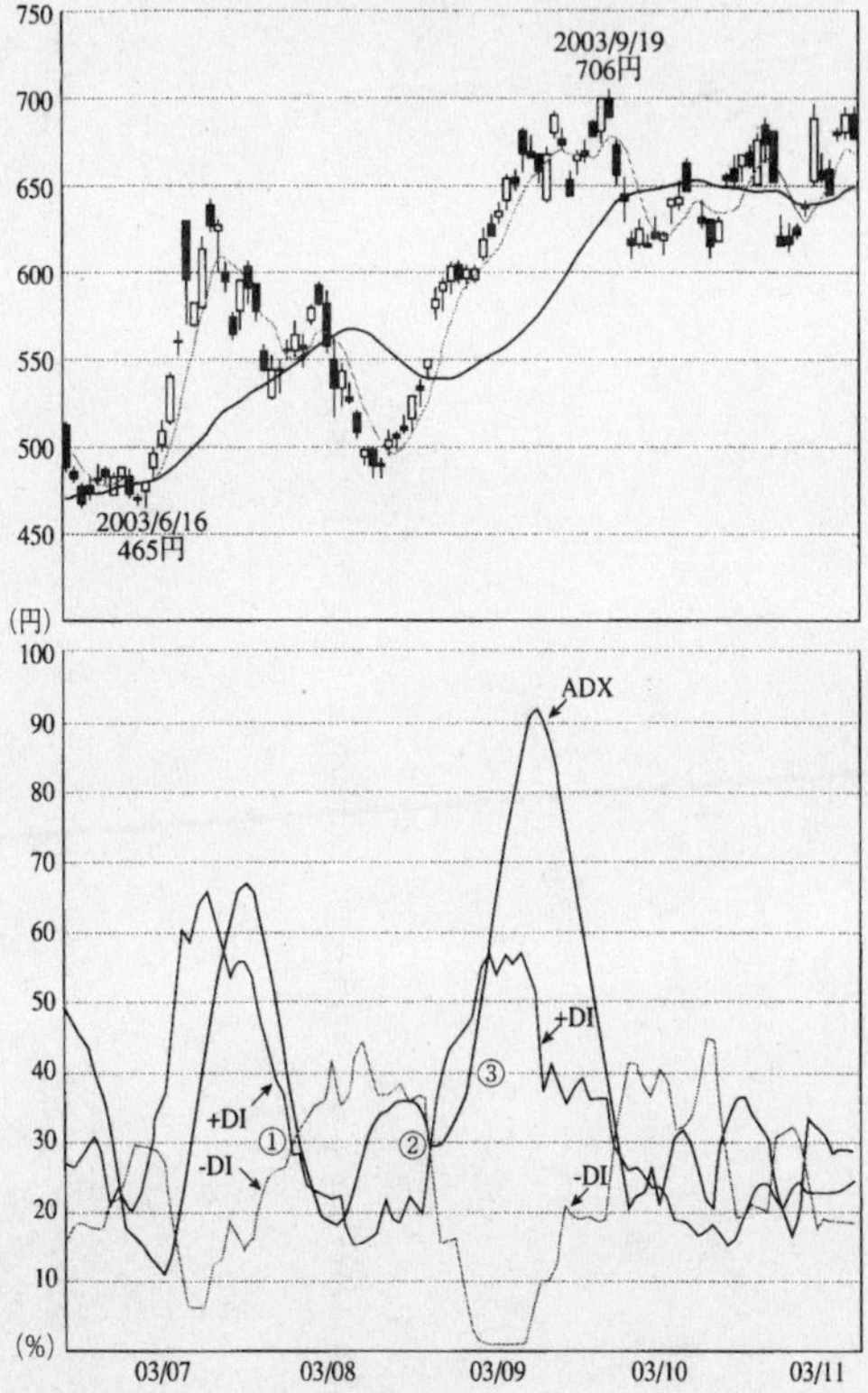

①「＋ＤＩ」が「−ＤＩ」を下回ったところが「売りサイン」
②「＋ＤＩ」が「−ＤＩ」を上回ったところが「買いサイン」
③買いサインが点灯中に「ＡＤＸ」が上昇し続けているので「強力な買いサイン」

本書は二〇〇四年二月に刊行した同名書に第五章を加筆して文庫化したものです。

日経ビジネス人文庫

株式投資《かぶしきとうし》これだけ心得帖《こころえちょう》
文庫増補版《ぶんこぞうほばん》

2007年10月 1 日 第1刷発行
2008年 1 月21日 第2刷

著者
東保裕之
とうぼ・ゆうじ

発行者
羽土 力

発行所
日本経済新聞出版社
東京都千代田区大手町1-9-5 〒100-8066
電話(03)3270-0251 http://www.nikkeibook.com/

ブックデザイン
鈴木成一デザイン室

印刷・製本
凸版印刷

定価はカバーに表示してあります。落丁本・乱丁本はお取り替えいたします。

Printed in Japan ISBN978-4-532-19415-4
読後のご感想をホームページにお寄せください。
http://www.nikkeibook.com/bookdirect/kansou.html

読むだけで10打縮まるゴルフ思考術

市村操一

ゴルフは「心」の競技。だから考え方を変えるだけで簡単にスコアがアップする。明日のラウンドからすぐに使えるメンタル術を紹介。

ゴルフの達人

夏坂 健

ゴルフというゲームはきわめて人間的なものである——様々なエピソードを通してその魅力を浮き彫りにする味わい深い連作エッセイ。

読むだけでさらに10打縮まるゴルフ集中術

市村操一

理想ショットの刷り込み、呼吸法による集中力強化術、古武道を応用した素振り練習法―など、「心のゲーム」を制する技術を紹介。

ゴルフを以って人を観ん

夏坂 健

ゴルフ・エッセイストとして名高い著者が、各界のゴルフ好き36人とラウンドしながら引き出した唸らせる話、笑える話、恐い話。

振るだけで10打縮まる「ぴったりクラブ」の選び方

山口信吾

あなたが上達しないのはクラブのせいだ！『サラリーマンが2年でシングル』の著者が試行錯誤で体得したクラブ選びのコツを初公開。

騎士たちの一番ホール

夏坂 健

「ゴルファーとは、打つ前に自分のハンディの数だけモノを考える不思議な生き物である」。有名人の名言とともに綴るゴルフエッセイ集。

中部銀次郎 ゴルフの流儀

杉山通敬

「会心の1打も、ミスショットも同じ1打。すべてのストロークを敬うことが大切」――。日本アマ6勝、球聖が教えるゴルフの哲学。

中部銀次郎 ゴルフの神髄

中部銀次郎

「技術を磨くことより心の内奥に深く問い続けることが大切」――。伝説のアマチュアゴルファーが遺した、珠玉のゴルフスピリット集。

ゴルフはマナーでうまくなる

鈴木康之

ゴルファーとして知っておきたい重要なエチケットをエッセイ形式で解説。ゴルフで人生をしくじらないための必読書！

中部銀次郎 ゴルフの心

杉山通敬

「敗因はすべて自分にあり、勝因はすべて他者にある」「余計なことは言わない、しない、考えない」。中部流「心」のレッスン書。

普通のサラリーマンが2年でシングルになる方法

山口信吾

ごく普通のサラリーマンが「真の練習」に目覚めた結果、定年前の2年間でハンディキャップ8に。急上達の秘訣と練習法を初公開！

中部銀次郎 ゴルフの極意

杉山通敬

「難コースも18人の美女に見立てて口説くように攻略すれば上手くいく」――。日本アマ6勝の球聖が語ったゴルフの上達の秘訣。

遊牧民から見た世界史

杉山正明

歴史常識を覆す！ スキタイから匈奴、テュルク、モンゴル帝国まで、膨大な原典史料をもとに草原の民の視点で世界史を描く傑作。

「老い」はちっともこわくない

柏木哲夫

ターミナルケアの草分けである著者が、医師ならではの知識をいかし、身近な問題を題材に生き生きと「老い」を生きる術を伝授する。

モンゴルが世界史を覆す

杉山正明

モンゴルは、実は「戦わない軍隊」だった——。モンゴル帝国は世界と日本に何をもたらしたのか。あなたの常識を問う歴史読み物。

嫌なことがあったら鉄道に乗ろう

野村正樹

レールの響きと流れる風景に身をまかせれば、憂鬱な気分も雲散霧消。仕事と人生における鉄道の魅力と効用、楽しみ方を説く。

温泉教授・松田忠徳の新・日本百名湯

松田忠徳

全国の温泉を自ら踏破し、温泉の歴史、効能、宿などにも詳しい温泉教授が、全国から百名湯を選りすぐり役に立つ情報を提供する。

これが宮内庁御用達だこだわりの名品50

鮫島 敦

陛下のネクタイ、雅子妃愛用の傘、宮中晩餐会のデザート……。究極のブランドを維持してきた「宮内庁御用達」の商品パワーに迫る。

般若心経入門

ひろさちや

わずか262文字の教典にはいったい何が書かれているのか。明日を生きるためのヒントをわかりやすく説いた、絶妙の人生案内！

中野孝次 中国古典の読み方

中野孝次

人間の知恵の結晶・中国古典。著者が老年に最も愛好した中国古典の味わい深い魅力を中野流人生論として縦横に語る。

四字熟語の知恵

ひろさちや

『論語』や『阿弥陀経』などから選んだ121の四字熟語を、逆境・錬磨・処世・決断の4つの局面に分けて「生き方の極意」を説く。

人は何を遺せるのか

中野孝次

お金では買えないもの、遺すに足るものとは何かを独断と偏見で考察。プリンシプルと気骨のある生き方をすすめる異色の生きがい論。

「論語」生き方のヒント

ひろさちや

日本人よ、奴隷の生き方を捨てよ！「論語」を庶民の立場から読み直すと、珠玉の智慧に溢れている。人間通になるための50話。

江戸の繁盛しぐさ

越川禮子

互いの傘を外側に傾けてすれ違う「傘かしげ」など、江戸の商人たちが築き上げた「気持ちよく生きるための知恵」を満載！

養老孟司
アタマとココロの正体

日経サイエンス=編

脳はどこまで解明されたのか？養老教授と最先端科学者との対談第二弾。「学問は極端に走った方が面白い」など養老節も絶好調。

数学はこんなに面白い

岡部恒治

ユニークな問題を取り上げながら、数学的思考法の面白さをわかりやすく解説。数学は頭の訓練にもなり、あなたの発想も豊かに!

養老孟司
ガクモンの壁

日経サイエンス=編

人間はどこからきたのか、生命とは、こころとは？ 生科学から考古学まで、博覧強記の養老先生と第一線科学者による面白対談。

考える力をつける
数学の本

岡部恒治

「トイレットペーパーの長さを測るには？」「星形多角形の内角の和は？」。見方を変えれば意外と簡単。思考力養成のための数学。

日本人の身体観

養老孟司

日本の中世、近世、そして現代哲学の心身論から西欧の身体観までを縦横に語り、人と世界の見方を一変させた養老ヒト学の集大成。

「数」の日本史

伊達宗行

「ひい、ふう、みい」はいつ頃から「いち、に、さん」に変わったのか？縄文から現代まで、日本の数文化を描く知的冒険の書。

戦国武将の危機突破学

童門冬二

信長、家康など九人の人間的魅力を解剖。ビジネスで戦うリーダーに求められる指導力、判断力、解決力が学べる好読み物。

歴史からの発想

堺屋太一

超高度成長期「戦国時代」を題材に、「進歩と発展」の後に来る「停滞と拘束」からいかに脱するかを示唆した堺屋史観の傑作。

織田信長 破壊と創造

童門冬二

最強の破壊者・信長は稀代のビジョナリストだった。信長の思想と戦略を抉り出した話題作を文庫化。史上最大の革命家の謎に迫る。

油断!

堺屋太一

ある日、突然、石油が断たれた。なすすべもなく崩壊していく日本。原油高、テロ、天災が相次ぐ今、30年ぶりに復刊する警世の物語。

大御所家康の策謀

童門冬二

駿府城へ隠居した家康は、怪僧、豪商など異能集団を重用。野望の実現のために謀略の限りを尽くす。大御所政治の内幕を描く。

これからの十年 日本大好機

堺屋太一

団塊世代の定年開始。これからの千日で日本は決定的に変わる。「70歳まで働くことを選べる社会」を提唱する画期的シニア論。

R25 男たちの闘い

R25編集部=編

カッコいい男たちは、どんなカッコ悪い経験を経てブレイクしたのか。俳優、ミュージシャン、漫画家たちが成功への転機を語る。

俺たちのR25時代

R25編集部=編

頂点を知る男たちは、何につまずき、何を考えていたのか。芸能人、スポーツ選手、作家など26人の「つきぬけた瞬間」をインタビューする。

イヤならやめろ!

堀場雅夫

おもしろおかしく仕事をしよう。頑張っても仕事が面白くない時は、会社と決別する時だ。元祖学生ベンチャーが語る経営術・仕事術。

大人力がさりげなく身につく R25的ブックナビ

R25編集部=編

仕事でつまずいたとき。知性あふれる素敵な大人になりたいとき。あなたの期待に応える1冊に出会えます。R25の好評連載を文庫化。

働くということ

日本経済新聞社編

高裁判事を辞めて居酒屋を開いた男、茶髪にピアスの介護ヘルパー。様変わりした日本人の働き方を生き生きととらえた話題の書。

R25つきぬけた男たち

R25編集部=編

「自分を信じろ、必ず何かを成し遂げるときがやってくる」——。不安に揺れる若者たちへ、有名人が自らの経験を語る大人気連載。